西洋赛马
在中国

狂飙年代

张宁 著

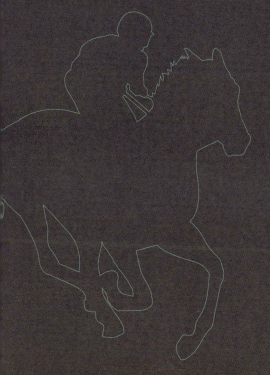

社会科学文献出版社
SOCIAL SCIENCES ACADEMIC PRESS (CHINA)

目　录

小

引

犹记 20 年前初入"中央研究院"工作不久，一日中午，与同事在院区内散步，享受南港难得的阳光，迎面林富士老师带着一群助理过来。各自打过招呼后，林老师突然对我说："你的赛马研究很有意思，学术性的专书完成后，可以顺便替三民书局写一本通俗性的书。"当时我的研究才刚起步，没想太多，对于老师的建议，自然只能唯唯应诺而已。

时光飞逝，赛马研究花的时间比预期的长了许多，直到 2019 年 12 月才终于完成学术性的专书，而且所论者已不仅限于赛马，还包括了跑狗与回力球。没想到，三民书局对拙作甚感兴趣，通过同事转来邀约，希望我能将其改写成一本适合一般读者阅读的书。经与编辑反复讨论，最后决定撷取专书的前四章，外加之前发表过的两篇学术文章为底，重新改写。2024 年 4 月顺利出版，书名《礼帽与彩票：上海滩的赛马与社会风貌》。现又蒙社会科学文献出版社青睐，出版简体字版，为求更贴近读者，书名更为《狂飙年代：西洋赛马在中国》。这本书可以说是专为喜爱历史的读者而写，主要介绍英式赛马在中国的发展，同时观察中西文化汇聚下形成的冲击和影响。这本书虽然完成了，但可惜林老师已于 2021 年 6 月仙逝，令人不禁唏嘘。

回顾研究的过程，我经常发现一些与人或动物有关的故事，却难以放入学术论文；在分析历史事件时，也常有许多好玩的细节，因不符合理论架构而被迫割舍。现在我很高兴有这个机会，将这些看似枝微末节，却充满血肉与情感的内容，用一种无须考虑论理的方式娓娓道来。不过我终究是一个学院型的学者，习惯有多少证据说多少话，文字上难免拘泥保守，叙述上也无法真正任凭想象。尽管如此，读者如果对历史上曾经发生的事感兴趣，本书应该能够提供一个中国近代史的新视角，以雅俗共赏的方式，让读者有所收获。

生长在南方的人，恐怕与马、驴、骡子这类大型动物距离遥远，一般人也很可能从未接触过马。我自己便是在2018年随外子至蒙古参访时，才有机会真正坐上马背。短短十余分钟，我大部分时间都忐忑不安，深恐一个坐不稳跌下去，没想到后来真的跌下去了。下马时，我因不知马镫只要踏一半，结果一只脚落地，另一只脚还卡在镫上下不来，马一往前走，人便硬生生地跌坐在地上。一旁的同伴大惊，拉马的蒙古小男孩却一头雾水，怎么也不明白为何会发生这种事。这便是我与蒙古马的第一次接触。

虽然我们对马感到陌生，但赛马在全球近代史上有非常重要的意义。它与英帝国、殖民、阶级、现代性有密不可分的关系，这点在香港尤其明显。香港回归前夕，人心浮动，邓小平以一句"马照跑、舞照跳"展现了维持香港生活方式50年不变的决心。为何"马照跑"可以作为一种保证，为何这句话从邓小平口中说出，比其他人（如英国国王查尔斯或美国总统拜登）更具意义？答案便在这本书里。欢迎大家备上一壶茶或一杯咖啡，然后放松心情，慢慢读下去。

第一章 从西洋到东洋

我们在香港电影里常看到枪声一响，众马撒蹄狂奔的画面，呈现的正是典型的英式赛马。现在全世界主流的赛马活动都是从英国传播而来的。香港之外，还有印度、日本、新加坡、埃及、澳洲、美国、南非等地，不仅定期举办比赛，一些大赛如美国的肯塔基德比（Kentucky Derby），其众所瞩目的程度不亚于英国老牌的经典赛。其实早在清末，中国各大通商口岸就有了这项运动，只不过当时被称作"跑马"，而其风行的程度，较今日各地的赛马毫不逊色。当时每逢比赛，人人扶老携幼前往围观，是城市居民一年两度的盛事，更是茶余饭后闲聊的话题。

传统华北的跑马

英式赛马只是赛马诸多形式中的一种，在固定的场地举行，以跑得最快为决胜标准。在英式赛马传入中国之前，中国的华北与关外早就有马背上的风驰电掣与相互竞技。譬如，明朝宦官刘若愚在其笔记体史书《酌中志》中，就提到北京风俗"立春之前一日，顺天府于东直门外迎春，凡勋戚内臣、达官武士，赴春场跑马，以较优劣"，也就是大家都出去比一比，看谁厉害。魏忠贤就是因为可以在马背上"右手执弓，左手彀弦，射多奇中"才深获帝心，得到明熹宗的宠信，从而权倾一时。

所以传统中国的跑马不只比速度，更比马术，也就是驾驭马匹的能力。即便在洋人赛马传入中国后，马术展演的活动在华北依然盛行。知名京剧大师梅兰芳在其自传性著作《舞台生活四十年》中，对清末北京四时的跑马活动有过十分生动的描述。他回忆，北京的风俗是每到一个季节，就有一种应景的比赛，例如赛马车或跑马，其中又以跑马最受欢迎，"像元宵节的白云观、三月三的蟠桃宫、端阳节的南顶（永定门外），都是跑马的地方"。

跑马场的跑道是临时搭建的，呈直条状，而非现今的椭圆形。主办方每逢快要举行比赛，就会在比赛地附近找一块直条形的宽坦空地，长约一里，宽约两丈，临时用土垫平，充当跑道。比赛还未开始，跑道两旁就有许多摊贩预先搭好棚架，备好茶水、茶食，希望前来看热闹的人消费。有趣的是，当时对跑马的评比，并不是群马蜂拥而出，看谁先抵达终点，而是一匹匹上阵，分别展示技术。

梅兰芳说，当时跑马的惯例是单骑下场，"讲究的是要马走如飞。同时骑马的人的姿势，要腰杆笔挺，不许倾斜，从起步到终点，一气贯串"。换言之，讲求的不是速度，而是人马合一的美感。观众大多是骑马的行家，当场就看得出好坏。凡态度从容、姿态挺拔者，两旁观众无不大声喝彩；步伐杂乱、不合要求者，则会被观众报以倒彩。

下场竞技的都是些什么人呢？梅兰芳说，参加这种盛会的多半是清末北京闻人，如亲贵、巨商的涛贝勒、肃王和同仁堂乐家，还有京剧界名伶谭鑫培等。谭鑫培就是知名老生"谭叫天"，是当时独步一时的名角，经常入宫为慈禧演戏。据梅兰芳形容，谭老板尤其是个中能手，一下场观众就叫好不绝。那时他已经是六十开外的老人，却精神抖擞、姿态飘逸，头戴黑缎小帽，足蹬快靴，稳坐马鞍，马一起步，"只见马尾飘扬，马步匀整，蹄声的合拍，就如同戏台上快板一般。观众看到他实际骑马的姿势，更会联想到他在舞台上上马、下马、趟马的各种抽象的姿态，拿来做一种对照，非常有趣，所以两旁彩声雷动，他本人也顾盼自喜"。

这样的跑马活动不仅限于北京，在华北的另一个大城市天津也看得到。以清末为背景的小说《津门艳迹》里写道：专为清朝皇室管贡品的"贡张"家主人张乃堂最喜欢玩马，他平常住在北京，只要回天津老家，必定会到城外紫竹林的旷场练马。张乃堂有匹骏马出自内蒙古百灵庙，被称作"庙马"。一天，他在紫竹林试马时，刚好遇到另一位富商黄兴伯在那儿跑驴，其驴全身黝黑，仅四条腿下半截是白的，是头"雪里站"，而且脚程迅速，一天能行千里，也是不容易得到的东西。结果不知怎么的，一不留神，张乃堂的"庙马"踢死了黄兴伯的"雪里站"，因此掀起极大的风波。

中国传统跑马的场景多发生在华北，鲜少越过长江，主要有几个原因。第一，北方地势平坦，常用马、骡、驴等动物来运输或代步，南方却水道纵横，特别是一过长江，这类"大动物"的数量愈来愈少。马匹既少，也就难得看到像华北那样的马术比赛。第二，长江以南，农业与人口密集，没有多余的土地可作牧场，气候上也不适合，华北却因地利之便，每年可就近从关外购马，供应无虞；尤其在明朝以前，为了和北方游牧民族作战，马匹形同固定军备，朝廷不断以关内生产的茶、盐、铁向关外交换马匹。历史记载，汉武帝求取汗血宝马不成，愤而出兵攻伐大宛；宋明两代为了获取战马，年年以茶叶向关外换取马匹，形成"茶马互市"的盛况。这些都说明华北有盛行跑马的充分条件。

但是这种农业与游牧以长城为界的情形，到了清代被彻底打破。因为清朝不仅掌控了关内的中国领土，还同时领有关外的东北、蒙古、西藏、青海等产马之地。当时官方为了供应军队坐骑，一出长城便在察哈尔、盛京、内蒙古一带，设置了七八个面积辽阔的草场，好为各旗、各部放牧马匹，例如正黄等四旗牧场、镶黄等四旗牧场、太仆寺右翼牧场、礼部牧场、大凌河牧场等。

除此之外，蒙古各部每年也会贩运牲畜至固定市集，供关内商贩出关选购。现今内蒙古自治区包头市的百灵庙便是这样一处集市；内蒙古多伦诺尔市北方 1 公里处的喇嘛庙也为一处著名的马市。据说，清末此地每年向关内输入马匹近 20 万匹。

英式赛马的引入

中国本来就有跑马，所以英式赛马传入后，很快便在语汇上沿袭了此脉络，赛马的场地被称作"跑马场"，看台建筑则被称作"跑马厅"。

英式赛马的传入与英国东印度公司有关。东印度公司是一个由国家特许的贸易组织。英国自1600年开始，通过给予东印度公司特许状的方式与亚洲进行贸易。刚开始时，主要的贸易对象是印度次大陆上的各邦。然而，就在乾隆二十五年（1760）前后，东印度公司与中国建立起固定的贸易关系。有别于印度的是，当时中国所有的商品都必须以广州为唯一转运港，而且除了广州以外，"夷商"不得北上，这就是所谓的"广州贸易制度"。此外，清廷还在广州城外的珠江北岸划了一块长近300米、宽不足200米的地方，作为外商的居住地。贸易期间，所有外商都必须居住于此，不准在外过夜，亦不得携眷入住。

图1-1 中国画者笔下的广州十三行

说明：此画约作于1805年，玻璃画，专供外销。

于是,各国商人在这个有限的空间里建立了 13 栋狭长形的商馆。每个商馆面江而立,前阶距江边数十至百余米不等,建筑物向后延伸近 200 米,一楼是贮货的仓库、办公室、金库,二楼有餐厅、接待室及睡房等。贸易期为每年的夏末至翌年春末,也就是 9 月至来年 3 月。每年夏天,东印度公司的船只及他国船只乘着西南季风由印度洋来到中国南海,上面满载欧洲或印度的货物与金银,用来交换、购买中国的茶叶与生丝;在经过整个冬季的繁忙交易、购货、打包、装舱之后,到了春天,东北季风又会将载满中国货物的船只反向带回,先至印度,再往欧洲。因此,一俟 3 月最后一艘货船离港,无论是东印度公司职员或是他国商人,便会急忙退居澳门,享受长达 5 个月的假期。

据英籍作家寇兹(Austin Coates)的研究,在华最早的英式赛马便是在这样的背景下产生,时间在 1798—1799 年。当时,澳门在葡萄牙人的主掌下已历时二百余年,充满欧式风情。外商在此稍事喘息后,或与家人会合,或举行赛马借以娱乐。这是单调生活中的少数点缀,因此每逢赛事,无不盛装出席。

到了 19 世纪中叶,因《南京条约》(1842)的签订,外国人不再被局限于广州或澳门,可以北上通商或居留。由于过去一百多年来英国在亚洲贸易与军事上的优势，英式社交此时已成为在华洋人共同奉行的圭臬，赛马活动也成为凝聚社群的大事，于是随着通商口岸的开辟，租界事务一旦粗定，外国人便开始寻觅场地举行赛马活动。

1842年秋，驻扎厦门的英军率先在鼓浪屿举行赛马。三年及六年后，香港与上海也分别举行了赛马。待《天津条约》（1858）、《北京条约》（1860）加开通商口岸后，赛马活动更陆续扩展至天津、牛庄、北京、汉口、九江、宁波、芝罘（烟台）、福州、青岛等商埠。这些大大小小的跑马场随着时间的推移，有的因社群萎缩而消失，有的却日益壮大。到了19、20世纪之交，除香港外，英式赛马在中国已形成三个最重要的中心，分别是华北的天津、华中的汉口及华东的上海，其中尤以上海最具规模。上海作为外国人在华的最大聚集地，不仅每年春、秋两季的大赛受到瞩目，赛马活动本身更成为西方在华势力的具体展现。本书意欲锁定上海这座大埠，带领读者切身体会赛马活动在中国的发展，以及这股风潮给中国社会、传统、文化等各个层面所带来的冲击和影响。

上海开埠初期，可以想见，赛马颇不正式且随兴。以1850年11月上海秋赛为例，赛事只有一个下午，项目不过七项，由于马匹数量不足，为了拖长赛事，还采取预赛制，也就是先两两相比，待马匹赢得两次才算定案。至于马匹种类，更是五花八门，从平日拖拉马车的蒙古马，到外国人日常代步的马尼拉小马，还有若干军用大马，都被列入出赛名单。此外由于训练有限，比赛时更是状况百出，马匹不是拒绝出发，就是中途逃逸，有的还在转弯处趁机把骑师摔落，再若无其事地跑回家。话虽如此，不到200人的外国人社群依旧兴高采烈，使得该活动比较"像是一个大型野餐会"，而不是正式的比赛。

秋赛甫一结束，沪上几家知名的洋行，如麟瑞洋行、仁记洋行、丽如银行、同孚洋行和宝顺洋行就出面组织了赛马委员会，以便筹划来年赛事，这就是上海跑马总会的前身。根据相关规章，委员会每年一换，大抵是由前述几家大洋行派人主持。接下来的十年里，除了1854年因太平天国战事而取消春赛，其余年份维持每年春、秋两季各一次。每次一两天的比赛，场内特许商家提供啤酒、波特、雪利、香槟等各式饮料，以增添欢乐气氛。

外国人社群领袖之所以竭力推广赛马，主要是因为早期殖民社会以年轻男性为主，女性数量有限，整个19世纪下半叶，生活可用寂寞、单调二词来形容，加上国籍混杂——以1870年代为例，当时上海的外国人已有约 2000 人，其中半数为英籍，另外半数依序为美、德、法、荷等籍——让近 2000 名血气方刚又国籍不一的年轻男性在租界里，为了避免斗殴、酗酒、赌博，甚至沉迷当地女子之类的事情发生，租界领袖包括洋行大班、各国驻沪领事等无不鼓励他们从事激烈运动，以转移注意力，比如赛马、赛船、猎纸、板球、网球、田径赛等。在众多运动中，租界领袖尤其看重赛马，因为赛马要晨起训练，需早早休息，下班后自然没时间喝酒，或从事其他有争议的嗜好。

领导人固然热心推动，租界的年轻男性也是兴致勃勃。原来养马、骑马在英国极其昂贵，只有贵族乡绅才负担得起；来华的英人则多半来自中产阶级下层，甚至出身劳工阶级，在国内鲜少有机会接触这项运动。但是来到中国后，他们的社会地位因租界的殖民性质而得到提升，遂对更高阶层的生活方式起了模仿之心，加上蒙古马在中国的价格相对便宜，就连一般洋行职员都负担得起，所以养马、骑马便成为抵华新手最热衷尝试的一项运动。

赛马首先需要场地，然而租界空间有限，于是从一开始就采取在租界外另觅场地的做法，并且有计划地将球场、跑马场、公园三者结合为一，即外圈用来跑马，内圈用来打球或散步。后来随着租界的不断扩大，这种糅合了综合运动场概念的场地，便被一再往西迁移，于是有了跑马场的三次迁徙。

跑马场的三次迁徙

1843 年 11 月，英国首任驻沪领事巴富尔（George Balfour）抵沪，上海正式开埠。英、法、美三国自上海开埠后，便一再要求中国划出一小块地，供侨民居住使用。清政府沿袭过去广州十三行的思维模式，也乐得在城外找一块地，把洋人集中起来，让他们用自己的方式管理自己。

只是让他们使用哪里好呢？中国人重农，不可能把良田浪费在外国人身上。东门外的黄浦江滨是江南舟楫往来之处，更不可能让洋人染指。最后只好把县城以北的一些河滩地租给他们，这些地不但无法耕种，还因地势低洼而经常积水。但洋人千里迢迢来到中国，不是为了种田，而是为了经商，所以反倒正中下怀。原来河滩地虽说容易积水，但运用一点建筑工法，打桩填土，便可以筑成码头，尤其是这里的黄浦江比东门外吃水更深，更适合辟成港口，供远洋轮船停靠。

1845 年，负责与外国人交涉的上海道台（正式名称为"苏松太道"）宫慕久以布告形式公布了"地皮章程"，也就是英国在上海租地的管理规范，划定南以洋泾浜（今延安东路）为界，北至李家厂（今北京路），东至黄浦江；次年，双方进一步确定西以界路（今河南中路）为界，多次磋商终至定案，此即为英租界的开始。第一次划界的面积不大，约 830 亩。

租界范围划定后，不久便有英侨集资在租界外，也就是今河南中路以西、南京东路以北，以永租的方式购下 80 余亩土地，外围用来赛马，中间作为公园和球场，并于 1848 年春季开始赛马。此即为第一个跑马场，英文称作"老公园"（Old Park）。

第一个跑马场建立没多久，众人很快发现场地狭小，跑道过短，转弯过急，没有足够的空间供马匹放蹄奔驰，于是另觅场地。此时，恰好英国继任领事阿礼国（Rutherford Alcock）以租界面积过小为由，请求扩界。同年 11 月，上海道台麟桂同意将英租界向北延伸至苏州河，向西延展到泥城浜（今西藏中路），面积遂得以扩大至 2820 亩，相当于第一次划界时的 3.4 倍大。

扩界之事刚尘埃落定，英侨 1850 年便在新界边缘勘定一处面积更大的跑道，位置约在今湖北路、北海路、西藏中路和芝罘路中间，并于 1854 年完成收购，是为第二个跑马场，英文通

图 1-2　上海跑马场的三次迁徙

说明：右边小圈为第一跑马场的位置，中间的环状带为第二跑马场，最左边的色块为最后的第三跑马场，也就是后来通称的上海跑马厅。

资料来源：郑硕／绘制。

称"新公园"（New Park）。据说，北海路和湖北路至今仍略呈圆弧状，便是当年留下的遗迹。

第二个跑马场虽较第一个跑马场要大，但不过是个"环马场"，也就是说英侨仅取得外围跑道的部分，中间土地其实分属不同华、洋地主。随着租界的人口日益增加，环马场中央的土地也陆续盖起了各式房屋，严重影响视线。故而，一旦太平军的威胁稍减，外国人社群便把目光移向泥城浜以西，打算另觅一处低廉的土地作为新赛场。1858年，外国人社群集资购入了今南京西路以南的农地作为跑道，并于1862年春开始赛马，是为第三个跑马场。此后不再迁移。

在英租界的数次扩界中，跑马场一直扮演先锋的角色。它不是坐落在租界的外面，就是坐落在租界的边缘，等到跑马厅的位置确立后，它更成为英租界的"界外之界"。不过，外国人在华势力范围的扩展远不止于此。1863年9月，英、美租界决议合并共组"公共租界"。由于美租界界线未定，一开始在面积方面的冲击并不明显，但到1893年美租界的界线确定了，公共租界的面积瞬间暴增为10676亩，为原来的3.78倍。1899年，公共租界再度扩张，向东由杨树浦桥至周家嘴角，向西由泥城桥至静安寺镇，整体面积高达33503亩，较之前又多了2倍。此后未再扩界。南面的法租界在此风潮下也从黄浦江岸不断向西扩展，直至1914年方才停止。

1899年的最后一次扩界，扩大了公共租界的范围，连带将跑马厅一并纳入，使得它从边缘进入了市中心。到了1930年代，随着城市发展迅速，跑马厅所在的东、北两面也跟着一跃成为闹市。东面的西藏路上，公司、行号、戏院、商店林立，包括第一座游乐场"新世界"和后来居上的"大世

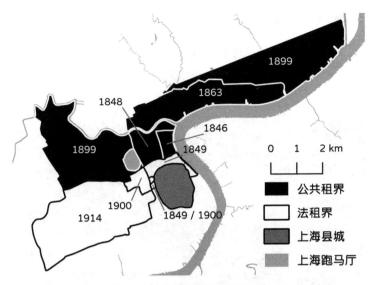

图 1-3 上海租界历次扩界示意图

说明：上方黑色为公共租界，下方黑框白底处为法租界，两租界扩界时间不一，但整体而言，公共租界面积比较大，人口也比较多。其中公共租界中的椭圆形浅色块，即为上海跑马厅，面积约为 500 亩。

资料来源：郑硕／绘制。

界"，以及著名的旅社兼番菜馆"一品香"，与闻名一时的"东方饭店"等，都在这条路上。北面的静安寺路（今南京西路），随着南京路的商业发展，更成为欧美最新建筑风格的展示场，由东向西分别是金门饭店、西侨青年会大楼、国际饭店及大光明戏院四栋巨型建筑，其中国际饭店地下两层、地上 22 层，号称远东第一高楼。其摩登新颖的造型，被认为是美国摩天大楼的再现。至于跑马厅南面的跑马厅路（今武胜路）及西面的马霍路（今黄陂北路），虽非大型商圈，但前者商铺、医院林立，后者主要是跑马厅的马房，马房之后为鳞次栉比的里弄住宅。

图 1-4 1930 年代的西藏路

说明：左边即是跑马厅，右侧旅馆与商店林立，路上电车、汽车、黄包车、脚踏车、手推车及行人迤逦而行。

资料来源：上海市房屋土地资源管理局编《沧桑：上海房地产 150 年》，上海人民出版社，2004，第 85 页。

跑马厅以 500 亩大的面积雄踞闹市中心，宛如城市中的一座庄园，行人车辆至此都得绕路，这种情形不仅举世少有，在中国通商口岸亦属罕见。汉口、福州、青岛等地的赛

马场都跟当地的租界有段距离，就算离租界最近的天津英
商赛马场，也坐落在外围的马场道上，唯独上海一埠与众
不同。

图 1-5 1930 年代静安寺路夜景

说明：左边远处的建筑物为跑马厅的钟楼与看台，前景漆黑处为跑道，右侧耀眼的高
楼则为国际饭店。

资料来源：Virtual Shanghai Project。

跑马场位于市中心的闹区，除了提供上海对于其他通商口
岸的优势，更赋予本地马主有别于欧美城市的特权。当世界各
地的马主平日于城市工作，只有周末才能赴乡间探视心爱的马
匹时，上海的马主却能在清晨来到马场，观看马夫练马，享受
驰骋之乐，然后再梳洗完毕，神清气爽地赴洋行办公。上海跑

马厅这种与城市生活紧密结合的情形，可谓得天独厚，仅香港一地的快活谷可堪比拟。

洋行斗富

就在上海跑马厅一再迁徙的过程中，赛马组织也发生了剧烈的变化，从最初临时性的委员会，逐步转向会员制的赛马俱乐部。

赛马委员会刚成立时，事事因陋就简，第一个跑马场既无围栏，亦不收费，任何人只要有马就可以参加。但到了1854年，这个情况开始改变。随着赛事由第一个跑马场移到第二个跑马场，赛马委员会也开始明定：只有赛马俱乐部会员和英、法驻沪军官才可进入跑道，马匹也必须由会员所拥有，这代表马主必须入会成为会员才能出赛。同年，委员会更将大看台周围划为专区，要求购买门票才能入场。

到了1862年第三个赛马场正式启用后，赛马委员会又进一步选出6位董事，赋予他们管理总会的权力。1867年，上海赛马俱乐部正式成立，英文名为"The Shanghai Race Club"，中文称作"上海跑马总会"。次年，运作正式上轨道，除固定每年

1、2月举行大会确认前一年账目、选举下届董事外，还会在沪上主要英文报纸《北华捷报》和《字林西报》公布会议记录。

上海跑马总会成立后，当务之急就是解决马匹供应问题。赛马最重要的就是马，而一个好的赛事必须有持续、稳定的新马供应。当时沪上赛马的主要来源有三，分别是英军的军马、马尼拉马，以及蒙古马。前者来自英国或其殖民地，属于大马；后两者来自菲律宾、婆罗洲、中国关外，属于体型较小的马。

不管是军马还是马尼拉马，都需远渡重洋，所费不赀。中国是一个产马的国家，虽说关内并无大规模畜养，但每年自关外引进上万匹蒙古马，从张家口经北京、天津沿大运河一路南运至扬州、镇江，循固定路线、在特定市集供人选购。上海正是此路线最南端的城市，英国人开埠不久即发现此事，因此开始思考以蒙古马补充赛马的可能性。

只是蒙古马体型较小，受高度与长相的影响，英国人刚开始时对其不无轻视之心。蒙古马的个头有多小呢？高 120—130 厘米。基于头颈上扬的幅度不同，一般马的身高是从地面的马蹄起，计算到马颈与马身相连的部位，也就是马颈凸起的那块肌肉。西方养马界习以手掌为度，也就是手掌打横了的一边到另一边，约 4 英寸长，即 10 厘米再多一点作为一"掌"。

现今世界上最高的马莫过于英国纯种马，因人工培育之故，平均可达16—17掌，加上上扬的颈子，人站在它旁边，真是仰之弥高。阿拉伯马为14掌1英寸至15掌1英寸；澳洲马则是15—16掌。相较之下，蒙古马仅有12—13掌。若将蒙古马与英国纯种马相比，差距可达40—50厘米之多。更糟的是，蒙古马还脖子粗短，缺乏优雅上扬的马颈，使得整体看起来更矮小。尤其蒙古马主要用来拉车、乘骑、驮运，讲究的是负重、耐力而非速度、长相，所以直到跑马总会决心

图1-6 1920年代美国著名的纯种马Man O' War及其马夫

说明：Man O' War赢过多次大赛，被认为是史上最优秀的竞赛马，身高为16掌$2\frac{1}{2}$英寸，约169厘米。

资料来源：University of Kentucky Special Collections Research Center。

自行赴产地挑选之前，蒙古马在跑马场只是扮演临时充数的角色。

图 1-7　同治年间（1862—1874）中国的蒙古马与马夫

说明：马匹高度约 13 掌，即约 132 厘米。

资料来源：Virtual Shanghai Project。

　　换言之，跑马总会在 1860 年代草创初期都是以进口大马来解决问题。这段时间因太平天国运动，上海呈现前所未有的繁荣。除了避难华人大量涌入、租界地价连年飞涨，战争还带动了米粮、军火的买卖，为洋行带来了大笔收入，使租界有足够能力支撑昂贵的马匹进口。与此同时，洋行间也出现了彼此"斗富"的现象，更对这种情况推波助澜。

当时在中国有三个举足轻重的洋行，分别是英商宝顺洋行、英商怡和洋行和美商旗昌洋行，都是源自英国东印度公司时期的"散商"，也就是该公司旗下的代理商。在英国东印度公司失去亚洲贸易独占权后，这些"散商"开始自行发展，其中怡和与宝顺都属英商，但长期不和，不仅在鸦片、茶叶、生丝等生意上较劲，还兼有私人恩怨。双方恩怨的起因，据说是1830年加尔各答商行倒闭事件，当时化学合成颜料"普鲁士蓝"刚被发明不久，市场传说它价格便宜、质量又好，极有可能取代传统的蓝靛。消息一出，蓝靛价格暴跌，不少加尔各答商号接连倒闭，其中包括蓝靛主要交易商柏马行。柏马与怡和及宝顺都有往来，但怡和有飞剪船往来于中印之间，这种船船身狭长，像剪刀一样，拉满风帆，顺风急驶，比一般货船要快，最适合传递情报。飞剪船将商号倒闭的消息带到广州，怡和得知后，表面佯装无事，私下暗自部署，最后损失有限，但晚一天得知消息的宝顺损失惨重。怡和如此不讲义气，让宝顺难以原谅，从此结下恩怨。

让双方关系雪上加霜的，还有情妇争夺大战。当时洋行大班因只身在华，多半养有华人情妇，大班之间还会争风吃醋。宝顺负责人颠地（John Dent）就不讲"道义"地勾引了怡和大班查顿（David Jardine）的女人，结果让两个洋行之间的关系坏到不能再坏的地步。

1857—1867 年，宝顺与怡和进一步把商场恩怨延伸到了跑马场上。最明显的例子就是双方每每不惜重金，自伦敦或澳洲进口大马，先在香港、上海一决雌雄，再运至其他分行，如天津等地一别高低。骏马本身就价格不菲，加上远渡重洋搭船而来，沿途的悉心照料，绝非一般洋行负担得起。双方投入的赌注也很惊人。据当时人回忆，有时甚至会以一艘轮船或一间商行为代价，而宝顺与怡和不但毫不疼惜，反倒引以为乐。

上海春赛开赛次日有一个"挑战杯"，奖金为诸赛之冠，必须连赢两次才算，成为宝顺与怡和的必争之地。1862 年，怡和名驹"等腰三角形"（Pons Asinorum）失利，将奖杯拱手让给了宝顺的"埃斯克代尔"（Eskdale），怡和马上托人从英国高价购来"威廉爵士"（Sir William）。该马在训练中展现了夺魁的实力，宝顺立刻不落人后，托人从澳洲购入良驹"埃克塞特"（Exeter）。

这种大洋行之间不顾一切相继斗富的现象，到了 1867 年戛然而止。原来 1864 年太平天国运动失败后，来沪避难的苏杭富户纷纷返乡，租界地价开始大跌，接着 1866 年伦敦发生奥弗伦·格尼银行破产风暴。奥弗伦·格尼银行是一种批发贴现的银行，专门向银行提供巨额借贷，被称作"银行中的银行"。它的倒闭不仅影响英国国内的银行，还使得在华英商银行连带受累，开始紧缩银根。据说怡和再一次利用飞剪船早一天获悉情报，预先准备才勉强渡过难关。但宝顺可就没这么幸运了，过度投资加上周转不灵，来年遂无征兆地宣告破产。租界随即陷入一段不景气的黑暗期。

主要对手退出市场，加上沪上经济低迷，怡和等大洋行便不再竞购名驹，赛事也由原先大洋行独占的局面，转而由一般西洋商行主导。最重要的是，没了进口的阿拉伯马或澳洲马，蒙古马终于有机会崭露头角，在赛场上开始担负起重要的角色。恰逢此时，通商口岸的跑马场与蒙古产地也接上了头，双方开始逐步建立起马匹贩运的网络。

蒙古马当家

上海跑马厅首次与关外马商接触，很有可能是在 1856 年。

当时有位蒙古马贩听闻，上海有群"蠢外国人"愿出高价购买马匹，故意自关外选了 100 匹驽马送至上海。等到次年开春开始进行训练时，洋人这才发现这 100 匹马不堪其才。虽然被骗，但至少与关外接上了线；况且马贩既有本事挑选驽马，自然也有本事挑选千里马，从此开启了马贩专为沪上洋人选马的历程。

到了 1870 年代，在华的各大赛马场已与关外建立起一个完整的马匹贸易网。举凡竞赛所需的马，均由马贩在蒙古先做第一轮筛选；待入关后，再在天津进行第二轮筛选，接着会以小批的方式运至各口岸。至于贩运的路线，除了传统的大运河，还增添了一条由天津搭海轮至上海的办法。马匹抵沪后，会在龙飞马房（Shanghai Horse Bazaar）公开拍卖，这是一家专供马车出租兼做马匹买卖的商号。每当新马到货，外国人社群便一阵骚动。英国首位驻华按察使何爵士（Sir Edmund Hornby）对此曾有生动的记载。

在身披羊皮的蒙古主人的陪伴下，这些动物长途跋涉，走了至少 1200 英里才抵达上海。每逢拍卖日，总是像过节一样，空气中弥漫着兴奋之情。下午 4 点，还不到下

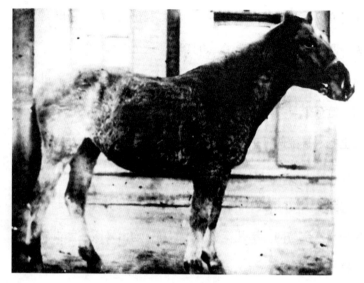

图 1-8　未打理的蒙古马

说明：曾在平津二地训练马匹达 25 年之久的安德理安·冯·德尔维格（Andreas Baron von Delwig）留下两张难得的对照相片，可一窥蒙古马入关前后的变化。图为 1927 年天津的冠军马"黛安娜"（Diana）初入关时的模样，全身毛茸茸，据说身上还有些皮肤病。

资料来源：Oxford University Press (China) Ltd 1994。

班时间，喜好赛马的小伙子就纷纷出现，准备为自己挑选一些"好货"。不过，想要检视这些动物，其实无法办到，一来它皮粗毛厚，有如狗熊，从外观完全看不出它的体态，二来极不友善，任何欧洲人想要靠近，它不是后退，就是龇牙咧嘴，发出警告，还不时找机会用后腿以最凶残的方式踢出去。即便是蒙古主人想要把它们引入拍卖栏，

图 1-9　经过打理的蒙古马

说明：蒙古马开春后经过剃毛梳洗、休养治疗，尾巴再编织一下，便英俊挺拔，与大马相比毫不逊色。这张照片是"黛安娜"梳洗过后与主人的合影，看得出来"黛安娜"腿型完美、身躯有力、后背强壮，唯一的缺点是脖子不够长，但也称得上相貌堂堂。

资料来源：Oxford University Press (China) Ltd 1994。

也得动用长竹子末端的套索才能办到。可以确定，它们腿部强健有力，只是最好离得远一点，不要被踢到。

马匹多在秋季入关，马贩为了助其过冬，不会为之剃毛，加上蒙古马生于大漠，为了适应北方严冬，毛皮尤其粗厚，所以交易时往往很难看出体型或肌肉的分布，众人仅能瞎子摸象，有时根本不知自己买的是什么。在这样的情况下，买到驽马是应该，买到骏马是运气，不过只要其中有一两匹能在比赛中胜出，转手便可获利，所以大家乐此不疲。

龙飞马房的拍卖只是一般程序，等进入 20 世纪，真正实力雄厚的大买家多半不再参与这类竞标，而是派人直接出关选马。天津的几家大洋行，如怡和、太古、慎昌，或龙飞马房本身，都是如此。每次少则数十匹，多则 300 余匹，采购范围也从内蒙古草原的张家口、古北口、喇嘛庙一带，向外延伸至外蒙古克鲁伦河流域的桑贝子、车臣汗部的中左旗和库伦，以及黑龙江的哈尔滨、齐齐哈尔，甚至中俄交界的满洲里一带。尽管如此，1920 年代以后，还是有 20 多家马商年年赴蒙贩马，专门供应津沪地方的欧美人士使用。为了配合赛马的特殊需求，运送来沪的马还会在入关前进行一轮测试与计时。就是这样绵密交织的网络，确保了上海跑马界能够拥有最珍贵且持续、稳定的新马供应。

这样的运销网络虽然解决了上海的马匹供应问题，却让香港处于相对不利的位置。原来香港恰居于此一网络的最南端。换句话说，上海挑剩的马才轮到香港，这也是为什么港沪两地的赛马场始终处于相互竞争的关系。尽管如此，香港为了与上海、

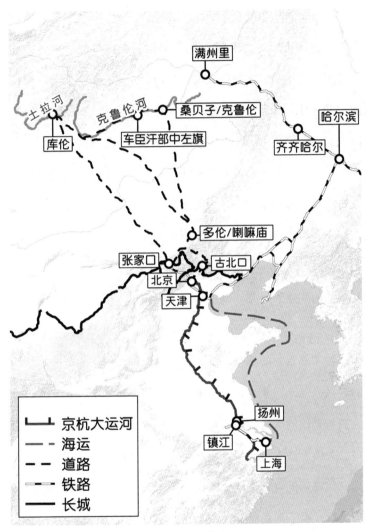

图 1-10　20 世纪初上海的马匹贸易网

说明：此时的采购范围已由原先的内蒙古草原扩展至外蒙古的克鲁伦河流域及东北的黑龙江等地。

资料来源：郑硕 / 绘制。

天津、汉口的马场往来互赛，自 1870 年代起，也同样转向了蒙古马。这种情形一直维持了 60 多年，直到抗日战争爆发，关外马因取得不易，才转而从澳洲进口。不过，为了要与通商口岸的赛马体系保持一定联系，香港赛马会要求进口的澳洲马不能太大，必须在 15 掌之内，而这个传统也延续至今。

全面改用蒙古马确立了英式赛马在华的基础，各通商口岸也得以在上海的带领下，为蒙古马量身定做各式规章，从而建立起一套通商口岸的特有体系。

不过，从另一个角度来看，这样的转变也切断了通商口岸与英国的联系。一来，蒙古马的个头较小，从马蹄到马颈仅约 130 厘米，人高马大的英国人坐在上面，有如大人玩小车，给人一种"非真"的感觉，难免受到以纯种马为主的英国赛马场的轻视；二来，蒙古马脖子短、步幅小，在优雅或速度方面也无法与英国的大马并列，尤其重要的是，蒙古马年年自关外进口，关内无法自行培育，便难如英国纯种马或澳洲马般，建立起三代履历的可靠证明。既无马匹谱系可查，在华赛马场便顺理成章，成了英式赛马的"化外之民"了。

通商口岸的赛马场对这样的情况并不以为意。面对外界的质疑，他们倾向于强调蒙古马身躯粗壮、耐力惊人，是尚未人工培育的原始马种。

这种说法其实颇有几分道理。蒙古西部科布多盆地和新疆准噶尔盆地东部一带，是"普氏野马"（Przewalski's horse）的产地。这种马是原始马种的一支，也是目前世上仅存的野马，由于蒙古人的猎杀，1969 年起在野外几乎灭绝，后经西方几个动物园与私人联手复育，2005 年才由原先的"野外灭绝"改为"极度濒危"。蒙古人之所以猎杀它们，是因为这种野马性格狂野，难以驯化，并不时引诱性格温顺的蒙古家用马，从而生出同样狂野的幼马，造成牧民的损失。这样的马或许不适合拉车驮运，却十分适合放足奔驰。比对现存的照片，可以看出这些马很可能被运来上海，在赛马场上驰骋。这也符合沪上欧美人士对蒙古马的形容："（它们）拥有所有运动家欣赏的特质，包括胆识过人、耐力好、聪明矫捷，而且一旦起步，就决心头一个回到底线，是真正的竞赛马匹。"

蒙古马不仅取代大马成为赛马场上的主力，还碰触到了许多来华外国人内心最柔软的部分，成为他们在异乡感情的寄托。1863 年来华加入中国海关的英国人包腊（Edward Charles M. Bowra）便这样描述后来为他赢得北京跳栏赛的蒙古马："我初次见到它时，它是我看过性子最野、最狂暴的动物，凶狠、不受控制。但我坚持不懈，每天亲手喂食，悉心照料，渐渐地，它变得温顺如宠物，跟前跟后，从我手中吃东西，就只差不能和我说话。"

对沪上英人来说，上海是他乡。对这些蒙古马来说又何尝不是？难怪它们会对主人产生强烈的依恋，有时甚至对同样来自蒙古大草原的同伴依赖不已。1890年代有匹名叫"勇士"（Hero）的冠军马曾连续六次夺魁，被认为是有史以来最杰出的名驹。但它有一个弱点，就是一定要同厩老马"桃乐丝"（Dolores）在场才肯起跑。"桃乐丝"过去也曾风光一时，退役后只负责拉车。"勇士"这个非它不跑的怪癖，为"桃乐丝"赢得"勇士的保姆"的绰号。

中国赛马场全面采用蒙古马，一开始只是因地制宜，但后来无论在实际成效或心理层面，都成功取代了大马。到了1920年代末，一度有大、小马杂交的混血马出现，被公认为更加优雅漂亮，速度也较快，但喜好赛马的人依旧坚持它们在"勇敢、刚毅、心胸宽大"等方面无法与真正的蒙古马相提并论。

第二章 黄皮肤的马主

上海跑马总会以蒙古马为主力，建立起一套通商口岸的特有体系后，赛马的会员人数也跟着迅速攀升，从原先的一二百人，到20世纪初增加到了900多人。不过他们全都是洋人，没有一个华人。就在这时候，一批长期与洋人往来的华人出于对英国文化的向往，开始对跑马产生浓厚的兴趣。这些人不仅本身骑马或养马，还希望能够加入洋人的赛马俱乐部，获得和洋人马主一样的待遇。不过，洋人的赛马会是一个高度排外的组织，并不接受华人加入。华人精英在受挫之余，萌生了自行成立赛马会的念头。

其中成立最早也最具带头作用的，就是万国体育会了。它集合了上海宁波帮的力量，开风气之先，不仅提供华人马主出赛的机会，还成为培育华人骑师的温床。于是，原先仅限于西洋人的赛马活动，开始向通商口岸的广大华人精英扩散。

万国体育会

说起万国体育会，必须从上海知名甬商叶澄衷说起，原因是该会的创办人叶子衡正是他的第四个儿子。

上海开埠后，宁波商人因地利之便，很快趁势崛起。叶澄衷是宁波帮的开山祖师，出身浙江镇海一个贫困的农家，6 岁那年其父过世，14 岁便跟随一位同乡长辈到上海讨生活，后经人介绍在法租界的一家杂货铺打杂。这家杂货铺卖的不是一般杂物，而是轮船航行时所需的食物和五金用品，像是烟酒、罐头、洋油、洋烛、帆布、绳索之类，以及修理船舶的钉子、锤子、钩子、斧头、凿子等。叶澄衷很快就发现船舶生意很有干头，于是决心自行发展，但囿于资本有限，不得不先从黄浦江上一位摇舢板的船夫做起。

外国货轮吃水深，入港后多半停泊在深水区，船员上下岸仍需轻巧的舢板协助。叶澄衷一面接送船员，一面做起兜售烟酒、罐头、食物的生意。一天，他在摇舢板时意外拾获一只洋商的皮箧，里面存有巨款，但他拾金不昧，原封奉还。洋人惊喜之余，认为他为人诚实，便经常与之往来，还介绍生意给他。于是叶澄衷学会了英语，并默默观察洋人的经商之道，包括"物价消长之理，商业操纵之法"。在洋人的帮助下，叶澄衷很快有了第一桶金，同治元年（1862），也就是他 22 岁那年，他在虹口的汉壁礼路开设顺记洋货号，同年迁至位置更好的百老汇路。

顺记洋货号一开始做的都是食品、五金等杂货买卖，但在洋人的引荐下，很快就从"食物五金"转向了"船舶五金"。原来，百老汇路地僻荒凉，却靠近虹口南岸的船坞区，几个新成立的英商船厂，及最初的江南机器制造总局都在附近。修船、造船与机械制造都需要大量的金属材料，像镀锌铁片、马口铁、钢条等。叶澄衷的本业原就是五金，后又盘下德国人在北苏州路、乍浦路口的可炽煤铁行（该行是上海最早从事煤炭与旧钢铁进口的商行），在此根基上，开始了进口五金的生意。后来他的买卖越做越大，除了老顺记，又在租界的其他地方陆续设立南顺记、新顺记等分行。

当时中国夜晚点灯多以菜油为燃料，灯火摇曳，光线昏暗，而煤油是石油分馏后的一种混合物，价格不贵，照明又佳，配上玻璃灯座，很有市场潜力。英商亚细亚火油公司早已开始经营。1883年，美国美孚石油公司也将触角伸入中国，希望找一家合适的代理商行，顺记洋货号很快中选。

1883年，叶澄衷43岁，开始独家代理美孚煤油，直至1893年为止。在这长达十年的时间里，他先后在宁波、温州、镇江、芜湖、九江、汉口、天津、烟台、营口及广东三和等地建立起顺记的分店与联号，竭力为美孚石油打开在中国的销路。可说五金让叶澄衷从虹口一隅走向了上海其他地区，而煤油又引领他从上海一地走向了其他的通商口岸。

美孚的代理权不单让叶澄衷的事业版图从上海扩展至长江中下游及华北一带，更让他手握充沛资源可随意调度。或许正是因为领会到"物价消长之理，商业操纵之法"，他毫不客气地借操控市场上煤油的数量赚取利润价差，同时利用美孚要求的付款时间与顺记与内地商家结账期限的时间差，将资金分别投入钱庄、运输、地产、丝织、火柴等行业。在累积财富的同时，他不忘积极参与公共事务，特别是与宁波人有关的慈善事业。在过世的前一年，他还独力出资 10 万两在虹口创建澄衷蒙学堂。

叶澄衷共有子女 14 人，1899 年 8 月当他自知不起时，在遗嘱中决定不分家产，将家族沿用的"树德堂"改为"树德公司"，所有财产置于公司名下，统一由次子叶贻鉴、三子叶贻铭及四子叶子衡共同经管，其他各房不得过问。每年各业所得盈余平分为 10 份，七子各得 1 份，其余 3 份留作家族公产。叶澄衷在遗嘱中规定，树德名下的产业不得分割，各房如另外经营事业不在此限。据说，叶澄衷留下的遗产数目相当惊人，总计市值高达 600 万两。

叶澄衷的 7 个儿子当中，除早逝的长子外，四子叶子衡似乎占有特殊位置。据说他生得"仪表堂堂、为人豪爽、敢作敢为"，少年时在上海读书，叶澄衷为他聘请了英国教师；稍长，一说是入圣约翰书院读书，不过更有可能是出国留洋。

图 2-1 叶子衡

说明：1908 年，伦敦大英罗伊出版社出版了一本以中国通商口岸为内容的《商埠志》，图文并茂，在介绍叶澄衷家族时，附上了叶子衡的照片。照片中，叶子衡西装短发，意气昂扬。当时清朝尚未倾覆，只有出国留洋的人才可能公然剪辫，由此可见他很可能出过洋、留过学。另外，从他后来担任台湾银行买办等事例来看，留学国家很可能是日本。

资料来源："中央研究院"台湾史研究所档案馆藏。

出生在叶氏这样的家庭，叶子衡与兄弟都爱好赛马也就不足为奇，连带他在上海跑马总会里也有不少好朋友，壳件洋行的大班克拉克（Brodie Augustus Clarke）就是叶子衡的忘年交。

克拉克，苏格兰人，1864 年前后来中国，先是进入怡和洋行工作，后于 1891 年获邀出任壳件洋行合伙人，直至过世。壳件是沪上重要商行，专营水陆运输、海损计算，兼营煤、油、五金、地产、证券、股票及其他经纪业务。克拉克因业务关系，与沪上华商多有接触，是个很有名的"中国通"。他虽比叶子衡大 37 岁，但借汇票生意往来，二人混得很熟。工作之余，克拉克也是上海跑马总会的活跃成员，1891 年起出任董事，并于 1900—1902 年连续 3 年出任主席，颇受租界外籍人士敬重。

在如此重量级人物的襄助下，叶子衡想要加入上海跑马总会并非毫无可能，况且他的日本籍也是一大优势。叶家兄弟多半拥有外国国籍，老二叶贻钊和老三叶贻铭有葡萄牙籍，叶子衡本人于 1905 年加入日籍，老五叶贻锜也于 1910 年入了日籍。

叶子衡挟家产与日籍之势，自觉不应受到跑马总会"华人不得入会"的限制，乃于 1907 年前后申请加入，不料投票时竟未过关。他不肯放弃，与克拉克一同前往香港，在后者协助下，设法参加香港赛马会的比赛；返沪后，以前述经历为由，再度申请加入，结果仍然遭拒。两次被拒门外，叶子衡颜面尽失。据说他一怒之下，决定联合宁波帮商人自行筹建赛马场，成立赛马会。

赛马必须先有场地，上海跑马总会因成立时间较早，土地取得相对容易，而叶子衡等人开始筹建万国体育会时，租界附近已无空地，不得已，只好把眼光移向上海县以北的宝山县。经过多次探勘，众人在江湾火车站附近觅得1100余亩土地，于是开始进行整地、筑路等各项工程。

叶子衡等人收购的土地在今宝山县五角场西北。当时这一带绿野平畴、河道纵横，既无马路，亦无水电。取得土地后，第一步就是修筑联外道路。五年内连续修筑了三条宽13—16米的大马路，包括向西连接江湾火车站的"煤屑路"，向南连接租界北四川路的"老体育会路"，以及自跑马场南端起到虹口公园西北葛家嘴的"新体育会路"，务求做到江湾跑马场与上海租界之间交通便利，容易抵达。

叶子衡等人一面修筑联外道路，一面致力于跑马场的整地工作。新的跑马场是上海跑马厅的两倍大，形状完整、排水良好，椭圆形跑道共分三层：最外圈是比赛专用的草地跑道；内

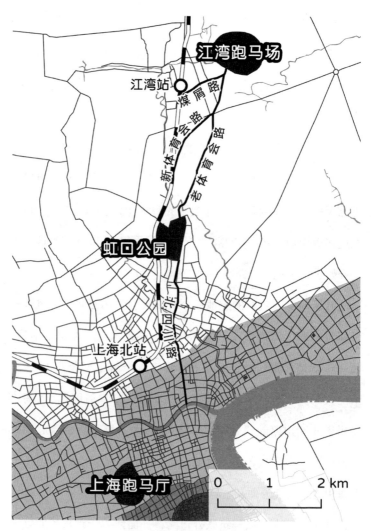

图 2-2　江湾跑马场筑路图

　　说明：图上方椭圆色块为江湾跑马场，下方色块为上海公共租界。这几条"体育会"路均由万国体育会私人出资，为联络江湾与上海租界而建。

　　资料来源：郑硕／绘制。

圈是练习用的煤屑跑道；最里层设有沟渠和矮树丛，是专供障碍赛用的"跳浜"跑道。草地跑道的直线冲刺距离超过600米，比起上海跑马厅的400米，更加优越。叶子衡等人大量招募华北善于驯马的回民，迁来江湾出任马夫与驯马师，其中又以山东籍回民居多。据驯马师马尚贤回忆，当年他随父迁来江湾时，当地已有数十位回民聚居，皆为万国体育会招来。到了国民政府时期，江湾已形成一个颇具规模的回族穆斯林聚落。除此之外，还有回族马贩子往来于宁夏、新疆和上海之间，协助万国体育会取得合适的马匹。

江湾开赛与华人骑师

经过长达四年的筹备，宁波帮商人竭尽金钱与人脉，终于在1911年4月15日正式于江湾跑马场举行比赛。开幕当天恰逢星期六，连接上海与南京的沪宁铁路特别安排专车，从上午11时半起至下午7点半止，随时开驶。还不到中午，沪上对赛马有兴趣的马主、骑师或纯粹喜欢看热闹的民众，就络绎不绝赶赴江湾。不过也有人选择不搭火车，自行骑马前往。到了下午开赛时，中西各界男女来宾已达万人，其中华人约占七成。

比赛从下午 1 点开始，共赛 7 场。英国骑师劳伦司（Bertie Standish Laurence）骑万国体育会书记张予权的白马，赢得第一场"试验杯"；第二场"猎纸杯"由英国人道勒斯（George Dallas）骑自家马匹胜出；第三场"宝山杯"由道勒斯骑叶子衡马房灰马胜出。此后，华洋骑师互有胜负。其中第六场"华人杯"只限华人骑师出赛，共有六马较劲，结果胡西藩跑第一，叶子衡第二，胡条肆第三。整体而言，虽洋人胜出场次较多，但中西报纸均认为华人马主、骑师的表现出乎意料，与洋人堪称匹敌。

江湾跑马场开赛成功，为华人骑师提供了一展身手的舞台。而这些骑师之所以对赛马感兴趣，多半与其父兄有关。如第一天比赛表现优异的胡条肆、胡西藩兄弟，便是官宦子弟，二人的父亲是清末重要洋务大臣胡燏棻；另一位对万国体育会奠基有功的活跃骑师徐超侯，其父徐润是清末官督商办企业的主要参与者。

先说胡家兄弟的父亲胡燏棻，安徽泗州人，同治十三年（1874）进士，入官场后在李鸿章手下任职，先是负责北洋军的后勤补给，后升任天津道台，受李鸿章的影响，喜好谈论洋务。甲午战败后，他奉命至天津小站仿效外国陆军练兵，编成十营定武军，后由袁世凯接手，在其基础上建成"新建陆军"。胡燏棻 1895 年奉命督办天津至芦沟桥的津芦铁路，并于 1897 年顺利完成，接着负责津榆铁路关外段的修筑。该段原本计划修至锦州，但当时俄国借修筑哈尔滨至旅顺南行支路的机会觊觎东北。于是在他的力争下，关外段又继续往北修至沈阳附近的新民。后来，此线与先前的津芦线总称关内外铁路，稍晚又改称京奉铁路，是胡燏棻一生最大的成就。此后，他历任刑部、礼部、邮传部侍郎，《清史稿》中有传。

纵观胡燏棻的一生，与西方人接触甚多，例如西法练兵时，他与德国人汉纳根（Constantin von Hanneken）往来谈判；督办铁路时，与英国筑路工程师金达（Claude William Kinder）一同丈地插标、购置物料。另外，津榆线关外段因经费困难，在清廷允许下向英国汇丰银行（Hongkong and Shanghai Banking Corporation）借款银 160 万两。其可说是洋务运动中的开明人物。1906 年，胡燏棻过世，英文《北华捷报》盛赞其为人诚实、廉洁、坦率、忠诚，处事不屈不挠，同时对英国特别亲善。在这样的家庭背景下长大的胡氏兄弟，对西方事务自然不会陌生。

胡燏棻的子女多长于天津，很早便习得骑术，因此万国体育会 1911 年一开赛，胡氏兄弟便成为江湾跑马场上第一批华人骑师，后来幼弟胡会林也跟着加入，成为三兄弟中骑术最精者。接下来数年，随着华人赛马会在各个通商口岸陆续成立，三兄弟更顺势转战天津、汉口、青岛等地，且屡屡胜出。

撇开骑术不论，老二胡西藩还是位识马的能手。据说他最为人津津乐道的，就是发掘江湾第一名驹"锁雪儿尤宁"（Social Union）。1920 年，胡西藩以非常低廉的价格买下这匹无人识得的灰马，交由幼弟胡会林练骑，结果次年参赛便成绩不俗。但胡西藩觉得此马年纪尚轻，要求胡会林再等一年，才让它全力施展。1922 年，锁雪儿尤宁果然不负所望，一举拿下江湾德比赛与德比杯双料冠军，创下江湾跑马场难得的纪录。

除了叶、胡两家，清末官督商办企业的主要参与者徐润的五子徐超侯，也是一位活跃的知名骑师。徐润，号雨之，广东香山人，14 岁来沪，加入英商宝顺洋行，从学徒一路做起，后升至买办，进而投资茶叶、土货、鸦片、房地产等行业。与其他粤商不同的是，他不仅是一位汲汲营营的买办，还是中国第一批新式企业的经营者。原来，清朝历经两次鸦片战争的军事挫败后，决定采取"官督商办"的方式，开办一些西式企业，包括纺织、航运、矿务、造船等，由商人出资认股，政府派官员管理，其中轮船招商局便是中国第一家以现代公司观念经营的企业。1873年，负责推动官督商办的李鸿章在其僚属盛宣怀的介绍下，网罗徐润与怡和洋行买办唐廷枢一同加入轮船招商局，一任会办、一任总办。从此，徐润将其任宝顺洋行买办时期所累积的丰富经验、过人见识及经营方法，投注到此一代表性企业当中，之后更进一步跨足矿务、垦务，先后前往安徽、热河、广东、河北、辽宁等地勘查矿产与垦地。

徐润足迹遍及大江南北，但他的根基还在上海，与公共租界的发展紧紧相连。原来他任买办期间，与当时宝顺洋行的大班韦伯（Edward Webb）交好。韦伯1863年任期届满调回伦敦，临行前给了徐润一个珍贵的忠告。他说上海市面，此后必大，劝徐润日后尽可将资金投入房地产。他建议的地段首推外滩沿岸，即今中山东一路直至十六铺；其次是南京、福州、河南、四川四路形成的英租界中心区；然后是虹口的美租界。当时，黄浦滩不过是一片平坦泥地，美租界尚未开发，但徐润大胆采纳韦伯建议，真的是"有一文置一文"，前后在这一带购入土地近3000亩，建造市房2400余间，每日坐收租金600余两。

1899年公共租界尚未扩界前，英租界的面积不过2800多亩，由此可见徐润置产之多，有一些还在美租界。虽说1883年中法战争引发上海金融危机，徐润因周转不灵被迫卖出大部分地产，损失惨重，但从公共租界的角度来看，他的广泛置产、建造商铺房屋，绝对是推动租界发展的重要力量。在这一路开发的过程中，徐润曾将虹口的元芳路、源昌路及跑马厅北面的帕克路等土地，捐给工部局作为道路。1911年徐润过世时，《北华捷报》称其为"租界草创时期的重要人物"。在租界由一河滩地转变成中国最重要城市区域的历程中，他着实扮演了不可或缺的角色。

徐润虽因官督商办跻身官场，但之前因长期任职洋行买办，十分看重西式教育。徐润共有五个儿子，他让前三子协助经营事业，将老四、老五送往英美名校。徐超侯便是他最费心栽培的幼子。徐超侯8岁时，徐润让他在上海学习英文；16岁时，为他延聘一位女传教士戴娘娘，每日午后在家教授英文2小时，如此五年。1901年，戴娘娘因年迈返英，徐润利用此机会，让21岁的徐超侯自费随行。徐超侯抵达英国后又补习数年，后考入牛津大学，直至1911年因徐润过世才回国。

徐超侯在英国显然如鱼得水，读书之外，还有闲余从事赛马。他是唯一获准参加英格兰全国障碍赛的华人马主与骑师。据后辈回忆，徐超侯"在国外留学时派头很大，与英国王公贵族结交很厚，纨绔子弟，非常奢侈，与英国温莎公爵是密友"。此说可能属实。温莎公爵即是"不爱江山爱美人"的英王爱德华八世，早年任韦尔斯亲王时，曾就读牛津莫德林学院（Magdalen College）。据说，他当时对读书兴趣有限，但好骑马，曾加入大学马球队。依时间推算，二人在牛津的时间相当，若徐超侯与他在同一学院或同属一支球队，确实有可能成为朋友。

除韦尔斯亲王外，徐超侯还与同样出身贵族、后任韦尔斯亲王私人副秘书的汤姆斯（Godfrey John Vignoles Thomas）结成好友。徐超侯有跳浜马名曰"美好的夜晚"（Hesperus Magnus），就是在汤姆斯驾驭下一举夺得英国大学联赛奖杯。

姑且不论与爱德华八世等人友谊的深浅，徐超侯无疑是徐润诸子中西化程度最深的一个。长达十年的留英生涯，在他身上留下了深刻的印记。当他回国时，早已完全接受英国上层阶级的价值观——不为生活奔波，热衷赛马、猎纸、马球等英式运动，而上海外国人社群也承认他是真正的"运动家"。

徐超侯来自英帝国的中心，是连西方人都承认的马主与骑师，自然成为万国体育会拉拢的对象，叶子衡竭力邀请他加

图 2-3　徐超侯与汤姆斯

　　说明：1905 年前后，英国大学联赛胜出后，徐超侯与担任骑师的汤姆斯合影，二人穿着正式，但神色轻松，尤其手执马鞭、毫不拘束的肢体动作，更显示马主与骑师亲近的合作关系。

入。徐超侯也不负众望，出任万国体育会的董事，后来在与上海跑马总会的来回交锋中扮演了相当重要的角色。

首先，为了证明江湾跑马场的正宗，徐超侯利用在英国的人脉，为江湾跑马场在纽马克特（Newmarket）的英国赛马会（the Jockey Club）登记注册，从而成为在华各赛马会中，除了上海跑马总会，唯一获得纽马克特承认批准的赛马场。接着，他更趁机利用与爱德华八世的同窗情谊，设法向上海跑马总会施压。

1922年，时为韦尔斯亲王的爱德华八世为答谢1920年日本摄政裕仁太子访问英国，特地巡回访问远东，足迹遍及印度、锡兰、缅甸、日本、马尼拉及马来亚等地。英国在远东的各殖民当局纷纷动员迎接，沪上英人社群亦特别推举专人前往香港呈递欢迎词。据后来人回忆，徐超侯曾趁机面见韦尔斯亲王，叙旧之余，还邀约英王储至上海江湾跑马场骑马。王储后来虽未来沪，但英国驻沪总领事署得知后大为紧张，深恐节外生枝，要求徐超侯撤回邀约。于是万国体育会趁机向上海跑马总会正式提出要求，希望加强彼此未来的合作关系，后者从此开始以各种形式增加彼此的往来，包括共同举办庆功宴、互赠奖杯、互派代表团前往颁奖等。

除了胡家兄弟与徐超侯，万国体育会成立后最热衷参赛的，莫过于创办人叶子衡本人了。万国体育会成立时，叶已年近而立，过了出任骑师的最佳年龄，但他不以为意，不仅成立马房，还自任骑师，成为江湾跑马场上最常见的身影之一。直到年逾45岁，他才甘心只任马主，不再亲自上场。

叶家老幺叶贻钰与叶子衡的独子叶谋倬也在1920年代相继活跃于赛马场。叶家其他兄弟还合资成立了"澄衷马房"，不

图2-4 叶子衡

说明：叶家的积极参与成为江湾跑马场持续运行的重要力量。由于叶子衡对赛马的无私奉献，1922—1923年丹麦美术家美特生（Juel Madsen）图绘上海赛马人物时，不仅将叶子衡名列其中，更用简单几笔素描勾勒出他窝在马会沙发中轻松自在的模样。此时，叶家已成为上海跑马界不可或缺的一分子。

资料来源：徐家汇藏书楼藏。

时购入新马，训练出赛。至于叶子衡的夫人兰荪女士，更是上海赛马界最早的女性马主之一，等到万国体育会允许女性成为正式会员时，她便以"叶夫人马厩"的名义参赛。

分而治之

万国体育会自创立后，便与上海跑马总会有着千丝万缕的关系。原来，上海跑马总会从清末沪上谣传华人计划建立赛马场开始，对此就保持密切关注。它的最大忧虑在于，华人能否掌握英式运动的基本价值，包括公平竞争、伙伴情谊、业余主义（强调为运动而运动，不为金钱而竞赛），以及讲诚实、重荣誉、严守规则、宁愿输也不作弊等一连串与"运动家精神"紧密相连的内涵。它担心华人赛马会可能流于挂羊头卖狗肉的形式，最后把重心放在随赛马而来的下注之上，徒有运动之名而无运动之实。

但忧虑归忧虑，上海跑马总会其实无力阻止新马会成立。上海不像香港，香港处于英国的殖民统治之下，港英当局大可以借控制土地登记阻止任何新赛马场的设立。但英人在沪仅有面积有限的公共租界，出了租界，工部局根本无力施展。最令人尴尬的是，总会内部一直存有不同的声音，除董事克拉克之外，还有一些重量级的会员为华人抱屈。这些人认为叶子衡、徐超侯、胡家兄弟等均是故人之后，宁波帮商人更是洋行在沪商务运作的重要帮手，上海跑马总会既不该也不能将这些华人同侪排拒在外。

这些同情华人的英人经常在公开场合表达不以为然的态度，等到江湾跑马场正式成立，他们更是在徐超侯的邀约下，直接参与万国体育会的运作。他们利用自身的经验与马匹，协助万国体育会站稳脚跟，其中尤以英国人道勒斯最值得一书。

道勒斯出身赛马家族，其父巴恩斯（Barnes Dallas）任跑马总会专职书记达十年之久，其兄法兰克（Frank Dallas）是上海著名的骑师，本书第一章里提及的"非桃乐丝不跑"的名驹"勇士"就是为他所驾驭。此外，道勒斯之子小道勒斯（Alexander Norman Dallas）也在马场上叱咤风云，被公认是上海有史以来最杰出的骑师。

道勒斯本人虽善骑，但因为身材高大，不适合出任骑师，乃专心担任马主。他的"道勒斯马房"在沪上数一数二，虽资本有限，却经常胜出。原来自少年时起，他便开始买卖马匹，后来规模越做越大，成为专业的驯马师，尤其擅长在新马中挑选貌不惊人者培训，然后一鸣惊人。赛马界盛传，但凡经过道勒斯之手，劣马亦能成良驹。

道勒斯对万国体育会素有同情之心，应邀加入后，更是用心投入，不仅担任董事，还出任江湾跑马场的马圈执事，负责场地维护、草皮养护，以及比赛时场上的一切杂务。据说道勒斯采取铁腕政策，在江湾，他的话就是法律，虽说严厉，却也为江湾确立了管理制度，使之成为名副其实的英式跑马场地。

英人的加入大幅拉近了上海跑马总会与万国体育会的关系。接下来 1920 年底的一场股权转移，更使得上海跑马总会一跃成为江湾跑马场的最大股东。

话说江湾跑马场名义上虽由华商集资，但主要资金来源还是叶澄衷家族。叶家除售卖五金、丝织、火柴、地产外，还有相当投资置于钱庄。叶家在上海设有升大、衍庆、大庆、怡庆四家钱庄，杭州有和庆、元大两家，芜湖有怡大一家；另外又与姻亲湖州许家合资开设余大、瑞大、志大、承大四家钱庄——即所谓的"四大"——彼此之间互相周转，估计总共有 800 万银两之多。

1910 年 7 月，上海爆发橡皮股票风潮。沪上钱庄因过度投资接连倒闭，市面哀鸿遍野。叶家努力撑持之际，1911 年 10 月又爆发辛亥革命，导致银根奇紧，"四大"周转不灵。当时叶家共欠"四大"200 万银两，而"四大"和叶家的升大、衍庆又欠洋商银行短期借款 182 万两、同业短期借款 32 万余两。正当此危急之际，许、叶两家竟因"四大"垫款维持问题发生争执。叶家主张按股本比例垫款，许家却要求叶家先还欠款，再按股分担，双方相持不下，最后终于决裂，四大钱庄同时倒闭。

"四大"一倒，牵连所及，叶家钱庄亦随之倒闭。接下来的两年里，同业追讨、对簿公堂几成家常便饭。叶家除保留老顺记、新顺记两家五金行外，所属各业几乎全部转让，直到第一次世界大战期间，五金业因欧战蓬勃发展，老顺记赚进几十万两银子，才将叶家的旧账还清。至于"四大"对各方的欠款，也要等到战后方才清理完毕。

受此重创，叶家兄弟纷纷退股江湾，仅叶子衡竭力维持，但到 1920 年也感力有未逮。他通过克拉克等人，向上海跑马总会示意，表示愿意出让股权。这使上海跑马总会主席杰克生（William Stanford Jackson）左右为难。

原来进入 20 世纪，跑马总会的看台、钟楼、马厩等设施开始出现老旧，杰克生 1912 年接任主席后不久，希望全面改善，但受到欧战爆发影响，跑马总会接连将盈余捐出，或购买飞机支持英国，或投入战争捐款，没有多余的资金可供利用。好不容易战事结束，1919 年 7 月，杰克生说服会员通过改建计划，预计次年开始实施，谁知此时收到叶子衡传来的消息，表示愿意出让江湾跑马场的股权，而且出让数额之高，可以让上海跑马总会掌控江湾跑马场。

上海跑马总会在上海跑马厅握有百余亩的赛马跑道，但江湾跑马场连中心带跑道广达 1100 亩，足足是跑马总会原有地产的 10 倍大，价值不言而喻。权衡之下，杰克生硬生生中断了重建计划，于 1920 年 11 月召开临时会员大会，通过了购买万国体育会股权的决议。购入这些股权后，上海跑马总会实际上控制了整个江湾跑马场，至于原本计划兴建的大看台与钟楼，一直要到 14 年后才累积到足够的资金与人力加以重建。

上海跑马总会购入江湾跑马场后，英国人在万国体育会的董事席位大增，其实大可借机将两会合并为一，但上海跑马总会却并无此意。它选择采取"分而治之"的方式，继续维持华洋隔离的做法。也就是说，华人想加入赛马会，可以申请进入万国体育会；洋人（包含日本人）若想加入，却可以同时申请上海跑马总会和万国体育会。如此，既可以为华人提供一个更大、更好的跑马场，足以化解部分华人精英的不满，又可以确保上海跑马总会仅限洋人参加的"纯净性"。

上海跑马总会采取"分而治之"的方式处理华洋关系，但它的最大对手香港赛马会选择了"纳而治之"的模式。

进入 20 世纪，香港赛马会同样感受到华人精英要求加入的压力。这些华人在财富、教育、教养上都不比英国殖民者逊色，有的甚至早已打入英国的上层社交界，所以从任何角度来讲，都很难将之拒于门外。不过，赛马会是殖民社会塑造阶级的重要工具，一时很难开放。香港赛马会先是选择一再抗拒，直到 1925 年发生了一场动摇殖民统治的大事，终于使其不得不改变态度。

该年 6 月，受上海"五卅惨案"的影响，香港展开长达一年三个月的大罢工。在国民党、共产党及广州国民政府的支持和组织下，十万工厂工人与家庭雇工离开香港返回广州，结果工厂停工，码头无人卸货，街上满是垃圾，洋人家中的厨子、打扫阿姨、保姆、园丁也全数离职，香港洋人的日常生活几乎全面停摆。这场罢工让英国殖民当局意识到华人对香港的重要性，而几位华人领袖在罢工中呼吁港人返回工作岗位。省港大罢工结束后，香港赛马会决定修正原先的态度，改采"纳而治之"的方式，开始选择性地接纳华人精英加入。于是，原先对上海可以有黄皮肤的马主羡慕不已的香港华人，终于可以在赛马场上与殖民者平起平坐了。

宣武门与牡丹春

华人精英进入梦寐以求的赛马世界后，很快发现赛马文化中有诸多不足为外人道的要求，这些要求尤其表现在语言与文字两方面。

首先，赛马是一个全英文的世界，华人马主必须为自己和马房起个英文名，称作"某某先生马房"。特别是英式赛马崇尚低调，骑师虽以真名出赛，但马主与马厩多半采用化名，例如善于识马的道勒斯在跑马场上人称 Mr. Day，怡和洋行经理约翰斯东（John Johnstone）称作 Mr. John Peel，平和洋行行东常立达尔（John Oswald Liddell）称为 Mr. Oswald。除非圈内人，外人很难一窥堂奥。华人自加入赛马会后，随俗也改用化名，好比叶子衡取"树叶"之意，自称 Mr. Leaf；胡会林与周辈田合称 Mr. Union；维昌洋行华籍经理贺其良取名 Mr. Tucksing 等。不过，对于大部分华人来说，英文本身就是一种屏障，无须另起化名，所以不少人选择直接用英文姓名上阵，像是大马主叶新福叫作 Mr. S. F. Yih，谭竹馨称作 Mr. J. H. Tam。

选好名字后，第二步便是替马房选颜色。赛马时，骑师穿的服装虽颇类似，但颜色、式样其实大相径庭。也就是说，每个马房都有自己特定的彩衣，譬如帽子可能是红色的，上衣则是红底黄点加星星，一旦注册，便成为该马房特有的式样，供骑师出赛时穿着。马匹、骑师可以一换再换，但彩衣的颜色和样式固定不变，如此骑师一出场，单看骑装便能认出是哪家马房的骑师。

以颜色和花样来区分彼此，是英国特有的文化。英国人喜好以不言而喻的方式，显示个人在群体中的位置。近年风靡全球的英国魔幻小说《哈利·波特》当中，霍格华兹魔法学校设有四个学院，各自有代表的颜色：斯莱特林学院是对应水元素的绿色和银色，象征其创办人的精明、富有野心及领导才能；格兰芬多学院是对应火元素的红色和金色，代表创办人的勇气、胆识及骑士精神；其他还有拉文克劳学院的蓝色和古铜色、赫奇帕奇学院的黄色与黑色。上课时，学生一律外披黑长袍，看似大同小异，但学院的颜色反映在围巾上，只要一看围

图 2-5　1930 年代的骑师

说明：1930 年代骑师上场时所穿的彩衣，各马房均有自己固定的式样与颜色，以便比赛时大家一望即知。

巾，就知道与自己是不是属于同一学院。

同样的手法也可以从苏格兰裙上看出。裙子上虽然都是格子，但纹样和颜色不尽相同，有的是绿底蓝格，有的是黑底红格。另外，线条也有粗格夹细纹和多格交错等式样的差异——早期其实代表不同地位、家族及领地，穿着上战场，便有如制服，只要看纹样，就能轻松分辨出敌我。如果是参加重要庆典，更无须言语，让人一眼就能看出彼此所属的家族。

这种以系统性方式来区分彼此，一开始让华人有些吃惊。虽然在中国文化中也有用颜色来区分身份阶位的习惯，如赭黄属皇帝专用，三、四品官员才可戴蓝顶子等，但没有细致化、平民化、日常生活化到这种地步。不过华人不在意为自家马房设计服色，有些马主甚至也学洋人从中玩点花样，自得其乐。譬如说，既然没有家族的颜色可供援引，就采用国旗的颜色吧。大马主盛恩颐一开始选择以中华民国建国初期的五色国旗作为马房的骑师衣帽，北伐完成后又改成蓝白相间，取其青天白日之意。盛恩颐是清朝名宦盛宣怀的四子，外号"盛四"。

为马房命名与设计服色不成问题，但随之而来的马匹命名就比较令人泄气了。英国人喜欢在命名上玩文字游戏，但英文毕竟不是华人的母语，除叶子衡、徐超侯等人外，多数人实无法在这个全英文的世界里引经据典，更别提享受其中乐趣了。

以徐超侯在牛津参加大学联赛时的名驹 Hesperus Magnus 为例，该名为拉丁文，意指"美好的夜晚"，借此名，马主可以传达自身受过良好的古典教育，而识者也可心领神会。又如本书第一章提及开埠初期的洋行斗富现象，当时怡和洋行有名驹 Pons Asinorum 失利，将挑战杯拱手让给了宝顺洋行的 Eskdale。Eskdale 是英格兰湖区的一处地名，暗指宝顺家族最初的发源地；Pons Asinorum 则是拉丁文，直译为"驴子的桥梁"，意指数学几何中的等腰三角形定理。由于该定理是欧几里得《几何原本》一开始较困难的命题，被视为检验数学能力的一道门槛，故又称为"笨蛋的难关"，亦即无法理解此一命题的人，可能也无法处理后面更难的命题。凡此种种都有言外之意，必须具有同等文化修养者方可掌握。这种文字游戏经过转译后，到了华人马主的手上，受限于文化上的不同，不仅华人的马匹罕用拉丁文，后来甚至变得日趋直白起来，好比干脆直接取名 Become Rich（发财）、Black Tiger

（黑虎）等。

华人精英并非没有学养，既然不能在英文上玩文字游戏，不如在中文译名上做点文章吧。譬如盛恩颐马房的马多以 ment 或 ship 作结尾，像是 Advancement、Appointment、Admiralship、Auditorship、Leadership 等，这些英文名的意思固然不错，但译成中文供华人观众下注，就不如干脆别出心裁，选取具有中国文化意涵的词，譬如"Appointment"译作"正阳门"、"Advancement"译作"宣武门"、"Leadership"译成"牡丹春"、"Auditorship"译作"江南春"等。

正阳门与宣武门同属京师九门，前者位于紫禁城正前方，更被称为"前门"。这两个名称让人立刻联想到朝廷威仪，让盛家马房在洋人环伺下平添一股大国气势。至于"牡丹"与"江南"，更具有文化上的意涵。牡丹在中国文学与书画中，向来被比喻成富贵或美丽动人的女子，是花卉中的花王，在中国的地位有如欧洲的玫瑰；江南则自宋代以降，即是美景与士人文化的代称，江南的兴盛与繁华更是无数诗人歌咏的对象。这些译名既非音译，在意思上也与原来的英文毫不相干，但借着这种移花接木的方式，化西洋文化趣味为中国文化意趣，在某种程度上，盛恩颐也向同侪展现了过人的智识与文化修养。

同样身为江湾资深马主的周挚田是扬州盐商周扶九的孙子，因在家排行老三，在沪上与盛恩颐并称"周三盛四"，二人都是哪里好玩哪里去的公子哥。他的马匹多以"Grand"开头，如 Grand Harvest、Grand Matador、Grand Parade 等，在选择译名时，同样采取与原意毫无关联，却在中文世界里有特殊意涵的字，例如以代表千里马的"骥"字为底，前面再加上好兆头的字，如"顺骥""望骥""申骥"等。

还有后来出任中国赛马会董事的陆季寅，他的马房虽然不大，也很少胜出，但选用中国古典文学里地位重要的菊花为马匹命名。好比 Golden Chrysanthemum（金菊）、Green Chrysanthemum（绿菊）、Scarlet Chrysanthemum（红菊）、Thorny Chrysanthemum（刺菊）等。菊花独立寒秋，在古人眼中是生命力的象征，陶渊明的一句"采菊东篱下，悠然见南山"又将菊花与名士归隐山林相连，是君子品格的象征。陆季寅用菊为马命名，形成自己的特色，赛马场上众人也可借此一望即知。

华人马主援引自身文化传统，从中国古典文学里借用典故与意象，巧妙地创造出属于自己的文化乐趣。这些文字虽不是欧洲中世纪知识人使用的拉丁文，但古典与寓意都丝毫不逊色。于是在殖民社会的背景下，华人马主借着为马厩、马匹命名及制订服色的机会，在英式赛马活动中悄悄注入了若干中国的色彩与元素，让看似正宗的英式运动，向中国文化的方向发生了偏移。

第三章 上海青帮与他们的马

万国体育会率先由华人组建，固然开风气之先，但究其实，仍是一个由洋人与华人共同参与的组织，而不是一个纯粹华人的赛马会，当中许多规定对华人马主来说不尽公平。举例而言，上海跑马总会不收华人会员，万国体育会却华洋皆收，导致洋人马主、骑师可至江湾参赛，但华人马主、骑师不能到公共租界参赛。如此一来，洋人马主参赛的机会远远多过华人，而华人马主在参赛的经验、奖金收入和声望累积等方面都显得略逊一筹。以1924—1925年为例，洋人马主平均一年可参赛32天，华人马主却只有18天。

除此之外，万国体育会和上海跑马总会一样，都有相当大的排外性。可以说，它满足了从清末至民初，沪上重要家族的文化实践，但同时将一些新兴的中间阶层排除在外。所以此时，一个阶级限制更为宽松、完全属于中国人的赛马会就呼之欲出了。

就是在这样的时空背景下，范回春等人联合青帮三大亨黄金荣、张啸林、杜月笙三人，先是在上海北面的引翔港建了一个新的赛马场，称"远东公共运动场"，后又联合众多华人马主共同成立"中国赛马会"，以纯粹华商为号召，广纳华人马主和骑师参与，从此开启沪上另一波赛马风潮。

远东公共运动场

进入民国，赛马人口变得日益增多，每次比赛，门票收入加上赌注收入甚是可观。上海、江湾跑马厅的赌金收入日甚一日，自然也吸引有生意头脑的商人和帮会人士的注意，认为经营赛马场显然是个值得投资的事业。正是出于对赛马场赌金收益的向往，1923 年 12 月，范回春等人率先发起组织建设上海第三座跑马场，名为"远东公共运动场"，并依公司条例登记为股份有限公司。

范回春何许人也？据时人回忆，他与兄长范开泰都是上海有名的"白相人"，也就是流氓。范开泰之妻史锦绣更是白相嫂嫂中的头面人物，与黄金荣的原配林桂生是结拜姊妹，名气比范开泰还大。范氏兄弟出身上海县城与法租界交界的城隍庙，范开泰开的是木器行，范回春开的是象牙店。二人名为经营商铺，实则在法租界包销鸦片，是租界里举足轻重的大烟土商，在青帮中被称作老前辈。黄金荣还在城隍庙裱画店当学徒时，就与二人结识。

范回春亦正亦邪之外，对娱乐业更是经验丰富。民国初年，他见上海大众娱乐业日见蓬勃，于是相继投入游戏场、电影公司、电影院、露天跳舞场等新式娱乐行业。三大亨之中的黄金荣也对娱乐业兴致勃勃，先后在法租界开设老共舞台、共舞台、大舞台、黄金大戏院。沪上游戏场的发轫者黄楚九过世时，黄金荣更趁机以70万元的代价买下他生前经营的大世界，进一步跨足游戏场业，成为娱乐界大亨。

1923年5月，远东公共运动场股份有限公司在范回春等人的主持下成立，先是在《申报》发出第一号通告，声明"为增进体育"，打算在引翔乡建立一个完全由华人创办的公共运动场，筹备主任除范回春外，还有四明商业储蓄银行总经理孙衡甫、合丰地产公司董事包达三，筹备员则包括了黄金荣、张啸林、杜月笙等日渐升起的帮会人士。

综观这份发起人与董事名单，大致可分为两类人：一是以法租界为重心且对娱乐业有经验的帮派人物，如范回春、黄金荣等人；二是致力于土地开发的地产商或当地士绅，如包达三、王铨运等人。范、黄二人基于对娱乐业的敏感，嗅出了赌马事业的潜力；包、王二人却是看中跑马背后地产投资的巨大利益。兴建跑马场需要大片土地，这在土地供应日渐窘迫的上海，自然成为开发土地顺理成章的理由。尤其王铨运身为在地乡绅，在取得土地方面轻易就能扮演关键角色。

范回春等人在王铨运的协助下，取得了引翔乡东面856余亩的土地，面积虽然比江湾跑马场略小，但比起上海跑马厅大了0.7倍。接着进行整地及兴建的工作，到了次年底便建成一座椭圆形跑马场和可容纳2000人的大看台，此外还有多条联外道路。

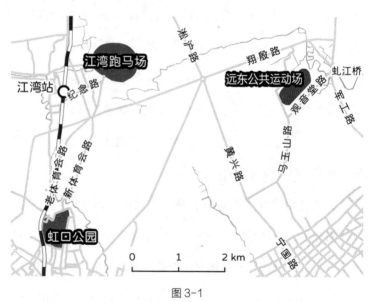

图 3-1

说明：右边的椭圆形的色块即远东公共运动场，俗称引翔跑马场，左上方圆形的色块，即为江湾跑马场。两者相比，可以看出引翔跑马场面积较江湾跑马场略小，所筑道路亦以联络公共租界为目的。

资料来源：郑硕/绘制。

范回春等人虽号称喜好体育，对赛马却根本是个大外行，关于如何成立俱乐部、设立马厩、组织赛事等一连串技术性问题完全不懂，于是委托法租界知名的薛迈罗律师事务所出面组织"远东赛马会"，接着仿照上海跑马总会和万国体育会的章程，拟定规章，征求会员。1926年1月30日，远东公共运动场正式开幕，在远东赛马会的带领下顺利举行了五场试赛。不幸的是，薛迈罗等人对赛马亦非行家，加上账目等问题，双方不久即分道扬镳。远东公共运动场迫于无奈，只好向洋人及华人马主求助。

远东公共运动场的成立本就引人瞩目，加上事关洋人自身的利益，所以上海跑马总会从一开始就谨慎观察，主要忧心其浓厚的商业动机，一直是担心多过期盼。不过，由于手上已有上海跑马总会和万国体育会，实无余力再介入另一家赛马场的经营，所以最后决定袖手旁观。

洋人马主不愿介入，华人马主却持同情的态度，其中尤以叶子衡最为积极。叶子衡虽为万国体育会的创办人，但出售大部分股权后经营权旁落，加上上海跑马总会在出赛规定上对华人马主仍有许多不公平之处，因此叶子衡等华人董事决定对远东公共运动场施予援手。

就在不到一个月的时间里，中国赛马会在叶子衡等人的襄助与推动下，于2月28日正式宣告成立，并于3月8日假法租界爱多亚路的联华总会，宴请赛马界与新闻界人士。中国赛马会打出"纯粹华人的马会"的号召，征求华人为会员，洋人只能是非正式会员，其所属董事皆为万国体育会的华人成员，如谭竹馨为董事长，叶子衡任名誉董事，胡条肆为书记，比赛场地设在远东公共运动场。至于英式俱乐部中最重要的会所设置，决定租用汇丰银行买办席鹿笙的宅邸。该宅坐落于法租界，占地数十亩，有花园、草坪，三层大洋房，宽广秀丽，非常适合作为新马会的会所。

一俟筹备就绪，中国赛马会便在3月21日举行了第一次比赛。有远东赛马会草草收场的前车之鉴，这次中国赛马会和远东公共运动场铆足劲，全力以赴。大会不但提高奖金，还运用人脉广邀各界名人捐赠银杯和奖品，吸引很多马主前来参赛，受邀的包括曾任大总统的黎元洪与徐世昌，曾任外交总长的孙宝琦，清末状元兼近代实业家张謇，以及著名军阀孙传芳等。当天共赛7场，下午一时三刻起赛，开赛前1小时便涌入约3000名华人观众，稍后又有数百位洋人抵达，其中包括上海跑马总会一名董事及数位执事，还有许多重要马主。

开幕赛成功落幕后，中国赛马会开始定期举行非正式赛马，除7、8两月天气太热不宜开赛外，大抵每月会举行两三次比赛，每次一两天，每回都吸引相当多的华人观众，成为仅次于江湾跑马场的重要赛事。到了1926年底，中国赛马会和远东公共运动场已站稳脚跟，被一般大众称为"引翔跑马厅"，与上海跑马总会的"上海跑马厅"和万国体育会的"江湾跑马厅"平起平坐，稳坐沪上第三把交椅。

赛马民主化

引翔跑马厅的出现大大增加了沪上赛马的天数，也为有心成为马主或骑师的华人打开了大门。自1926年起，华人马主的人数日渐增长，阶层也从早期的洋务官宦之后或买办家族子弟，逐渐扩展到沪上的中产阶层，如保险公司经理、银行家、金融家、财政官员、律师、建筑师、医师等专业人士。令人惊讶的是，就连青帮大佬也都卷进这股潮流，优游于英式赛马文化，显得乐此不疲。

早在引翔跑马厅草创时期，其实就可见到青帮的身影。不论是从远东公共运动场的购地、筑路，还是到中国赛马会的成立，青帮名流均涉足其间。不过三大亨虽同时涉入跑马，却态度迥异。黄金荣主要出于商业考虑，视之为娱乐业版图的延伸，对于出任马主这种无利可图的事毫无兴趣，但张、杜二人对于跑马另有想法。

张啸林和杜月笙认为加入赛马会，可以打入以英国人为主的殖民社会，又符合白相人追求得意、风光的心理，所以一等到中国赛马会正式成立，就以远东公共运动场董事的身份申请加入成为会员，并以自己的英文名成立马房。张啸林马房的马多以"Horse"为名，如 The Brass Horse、The Iron Horse、The Tin Horse、The Wellknown Horse 等；杜月笙马房则以"Rush"作结尾，如 Beautiful Rush、Gold Rush、Maskie Rush、On the Rush 等。考虑到杜月笙当时大字不识，却决定迈入全英文的世界，的确需要一些勇气。

张、杜二人加入赛马会后成绩不俗，1928 年开始名列胜出马主名单。张有 4 匹马胜出，共得奖金 6000 余元；杜月笙更胜一筹，有 8 匹马胜出，共得奖金 8000 余元。此后，二人以每年最少 2 匹、最多 8 匹的胜出量，一直维持到全面抗战爆发。

虽然张、杜从未赢得如金尊赛之类的经典大赛，且每年从赛马赢得的奖金与其烟土收益相比微不足道，但马会会员

图3-2　1931年中国赛马会总董杜月笙　　图3-3　1931年中国赛马会总董张啸林

的身份，让其与沪上其他中外马主平起平坐。1928年，中国赛马会进行内部改组，进一步调整董事名单，张、杜二人因"四一二"政变社会地位陡升，因此获选中国赛马会董事，1931年更进而分列中国赛马会总董。

百万大香宾

出任中国赛马会总董让杜月笙如虎添翼。众所皆知，青帮三大亨原本经营鸦片起家，在1927年"四一二"政变中因支持国民党右派才得以与南京政府建立起特殊关系。其中杜月笙更因善于审时度势，进一步脱颖而出。为配合这个新身份，杜开始有计划地改善其社会形象，一方面涉足工商界，逐步打入银行、航运、鲜鱼等行业，相继出任面粉、纱布、金业交易所理事长，最终成为不折不扣的工商界巨子；另一方面，积极介入赈济救灾等活动，开始以慈善家的身份出现。尤其不同于过去以善堂、庙宇、商会、同乡会劝募的方式，他擅长以新式手法救灾募款，其中包括演剧助赈、南北伶界会演、名媛选举、慈善大香宾（也就是利用卖马票来募款）等。而中国赛马会总董的身份更成为他用来发起慈善赛马的着力点。

1931年夏天，中国发生来势凶猛的特大水灾，长江、淮河、黄河、大运河四大巨流同时暴溢，沿岸地区灾情惨重，波及黄河流域南部，导致受灾区域蔓延16省，灾民多达5000万人，堪称民国时期最大的一次自然灾害。国民政府为此实施了有史以来最大规模的救助，除成立专责机构"救济水灾委员会"，以宋子文为委员长，赋予其办赈最高权限外，并向美国贷购小麦45万吨，作为救灾的主要物资来源。救灾分急赈、农赈、工赈三方面，其中以救济生命的"急赈"最为优先，上海作为中国最富裕的城市，自然责无旁贷。上海政商各界领袖，如虞洽卿、张之江、王晓籁、许世英等率先发起成立上海水灾急赈会，杜月笙、张啸林均名列常务委员名单。

由于赈灾需要钱，上海水灾急赈会既需有效地动员组织，更需开发更多的募款方法。杜月笙向许世英表示，像以前那样拿了簿子请人捐款，不仅吃力且收效不大，因此这次必须想些不同的花样。他想出的"花样"便是慈善赛马。

1931年9月12日，上海水灾急赈会假逸园举行茶会，宣布将举行破天荒的百万大香宾赛。茶会由市长张群亲自主持，沪上绅商百余人参加。张啸林说明办法：急赈会以中国赛马会的名义发行慈善"香宾票"10万号，头奖44.8万元，扣除奖金后，约可有20万元移充水灾赈款，开奖以10月25日引翔跑马厅香宾大赛的号码为准。于是即席当场分认5万号。张、杜二人率先各自认销2000张，其他与会人士各依能力认销1000、500、100张不等，剩余的5万号由《申报》《新闻报》等6家报馆代为分售。

百万大香宾这个点子既新颖，又符合民心。所谓"香宾票"，指的是跑马厅每季决赛时发行的一种马票，性质类似彩票，最后开奖以当季所有胜出马匹的"总冠军赛"成绩为准。香宾票在上海发行已久，人尽皆知，因此利用它赈灾确实是个好的主意。但问题在于，香宾票的发行数与跑马厅的规模息息相关，过去仅上海跑马厅售出 5 万张，江湾、引翔两地跑马厅也只发行过一两万张。现在，杜月笙等人计划发行 10 万张，不仅赛马界需要全面动员，还需要鼓动对赛马不感兴趣的民众共襄盛举方可达标。因此，张、杜二人一改过去通过马会会员发售的方式，转而通过报纸媒体，向大众发起大规模的广告攻势。

自 9 月 12 日茶会起，至 10 月 25 日慈善香宾大赛举行止，张、杜二人以中国赛马会总董的身份，不断通过报纸媒体向大众释放香宾票的消息：除重复解释办法，说明凭票十足领奖，对得奖人不再行募款外，还在 6 大报馆以外，争取到百货公司、银行、旅社等作为代销机关。此外，并增添了外埠人士邮购办法，务使有意者便于购得。

尤有甚者，杜月笙等人更针对一般市民发出一连串动人的广告词，譬如购买香宾票"既赈灾黎，复增兴趣"；头奖高达 44.8 万元，此机会"千载一回，切勿错过"；票款仅 10 元，买者可负起"救灾、救国之责任"，同时并有"发财、造福之机会"。在报纸媒体的助推下，杜月笙等人不仅将救灾、救国、发财三者连为一气，还将救灾、救国等"大我"目标，与发财、造福、积德等"小我"目标画上等号，从而创造出一种"何乐而不为"的气氛。

在各方的大力推动下，10 万张香宾票终于顺利销空。10 月 25 日，引翔乡如期举行水灾香宾大赛，下午 1 点准时开赛。中国赛马会特别邀请许世英、褚民谊等社会名流执行摇彩，以昭公信，并由黄金荣、王晓籁等人监督，张啸林与杜月笙负责报彩。据说，当天来宾多达数万，人人兴高采烈，盛况空前。结果头奖为美孚公司火油部经理许文亮等 5 人获得；二彩为著名马主钟可成等 20 余人合得；三彩则为跑马场临时售出，得主为广帮协泰和的一位何先生。

百万大香宾的大成功，大大提高了杜月笙等人在赛马界的地位，高达 10 万张的香宾票是各跑马厅从未能企及的数字，杜先生的实力显然不容小觑。是以，当中国赛马会经营出现问题时，杜月笙自然再度成为求助的对象。

1933 年 11 月，中国赛马会因财务吃紧，将营业权让渡给远东公共运动场。远东公共运动场先是自行举行赛马，后又于来年夏天将场地租给兴业银行经理陆锡侯，举行拖车走马

（trotting races，也就是由骑师以两轮马车驾马竞速）等活动，不料均不成功。到了1935年8月，远东公共运动场无以为继，董事会遂提议卖掉赛马场土地，将股本发还股东。幸亏多数股东主张复兴，未获通过。值此之际，确实需要一位举足轻重的人物出面振兴赛马会。于是在几位华人马主的推举下，杜月笙当仁不让，出任中国赛马会会长，张啸林继续为董事长。果然，在杜月笙的登高一呼下，中国赛马会紧跟着便于10月27日成功复赛，并在接下来的数年里持续稳定办赛。

重新开幕当天，中国赛马会于引翔跑马厅的会员餐室聚餐，140位中西马主共聚一堂，杜月笙、张啸林居中而坐，上海跑马总会主席安诺德（Charles Herbert Arnhold）与万国体育会会长马勒（Nils Eric Amelon Moller）在一旁相陪。向来拙于言辞的杜月笙在席间发表了演说，表示"吾人在此不景气时代复兴中国赛马会，纯为鼓励骑马运动，振兴尚武精神，非以图利为目的"。安诺德则代表上海跑马总会致辞表示欢迎。至此，杜月笙已不是一个区区的马主或会长，而是"赛马运动的赞助者""赛马运动复兴的领导人"；张啸林则是著名的"赛马体育家"。白相人所追求的得意、风光，可说于此达到极致。

图 3-4　1935 年 10 月上海中国赛马会开幕聚餐照

说明：最正中的四人，由左至右分别是上海跑马总会主席安诺德、万国体育会会长马勒、中国赛马会董事长张啸林、中国赛马会会长杜月笙。

金尊赛

一个好的赛马场必须要有自己的经典大赛。举例来说，上海跑马厅有"圣立治赛""上海德比赛"，江湾跑马厅有"却令治杯""江湾德比杯"，这些都是众所瞩目的大赛。然而，成军之后的中国赛马会一开始并无值得称道的赛事。为了突破上述困境，也为了创造自己的品牌，中国赛马会决心塑造属于自己的经典大赛。

1926 年底，中国赛马会率先推出一项前所未闻的比赛——"金尊赛"，它的灵感来自英国最富盛誉的"雅士谷金杯赛"（The Ascot Gold Cup）。该赛事创立于 1807 年，每年 6 月固定在英格兰伯克郡的雅士谷马场举行，最初专供 3 岁以上马匹参加，后改为 4 岁以上成年马，竞赛路程长达二英里三化郎二百一十码（化郎，furlong，是英国的一种特有长度单位，1 化郎等于 220 码），即 4014 米，是英国最负盛名的超长赛事。胜者除享有优渥的奖金外，还可永久保有金杯。此金杯双耳有盖，造型优美，价值不菲。

图 3-5　1825 年雅士谷赛的金杯（Ascot Gold Cup）

说明：由于英国雅士谷赛胜出者可永久保有金杯，所以金杯年年重制。

资料来源：Charlton Hall Auctions, Columbia, South Carolina, USA。

中国赛马会既是为了打响名号、吸引中外人士的目光，便打定主意以雅士谷金杯赛为模板，制造类似价值高昂的奖杯，同时又希望具有中国特色，于是几经思考，终于在周代祭器中采选一有耳有盖的古尊为造型，不惜重资以赤金170两铸成，价值高达银洋1万元。

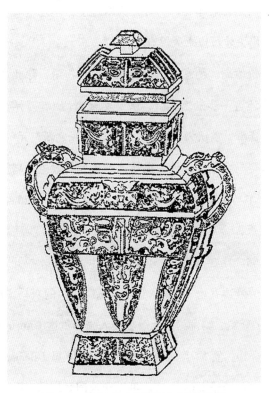

图3-6　1926年中国赛马会金尊赛奖杯

说明：约12英寸高（30厘米），其中盖长3英寸（7.6厘米）。

中国赛马会不单在奖杯上费尽心思，更在比赛规则上也别出心裁。上海或江湾的经典赛原来多集中在春季，秋季较少举行赛事，特别是关于新马的大赛，更是付之阙如。于是，中国赛马会将金尊赛定在 12 月，明定参赛者必须是当年胜出过的新马，路程则加长到 1.25 英里，较一般大赛为长，意图使该赛成为当年新马的总冠军赛。另外，为增难度，还规定马主必须连续两年胜出，才可以永久保有奖杯。

金尊价值高，消息一出，赛马界议论纷纷。除此之外，中国赛马会还进一步加增奖金，头奖奖金高达 1.5 万元，超过上海的其他赛事，被认为"实开中国各赛马场之新纪元"。

中国赛马会精心设计，果然达到预期的效果。高额奖金不但吸引西洋马主前来，也吸引了大批的观众。1926 年 12 月 4 日比赛当天，金尊赛被安排在第 6 场，共有 14 匹马参赛，均为一流良驹。比赛之激烈，直到最后冲刺阶段才拉开距离，最后由英人劳爱德女士（Miss Ada Beatrice Law）的灰马"皮套克"（Beattock）夺魁，骑师为沪上著名英人骑师吼达（Augustine John Purcell Heard）。赛后上海跑马总会董事贝思（Benjamin David Fleming Beith）担任颁奖嘉宾。贝思在致词时表示，中国赛马会在短短一年内站稳脚跟实属不易，他相信未来赛马会不会消失，而且会继续提供优质的运动赛事。贝思的发言代表资深赛马会对新进小老弟的大方鼓励，同时是对中国赛马会的一种肯定和承认。

为了避免金尊赛昙花一现，在接下来的数年里，中国赛马会排除万难，固定于每年 12 月的第 1 个周六举行比赛。劳爱德女士次年无马出赛，由叶子衡夫人的"惠特大梦色根"（White Diamond II）获胜。之后就连上海著名的沙逊（Victor Sassoon）马房都留意到这项比赛，派出旗下两匹良驹出赛，可惜失利。马主必须连赢两次才能拥有金尊，一般而言，要连续两年取得当年最好的新马诚属不易，所以直到 1937 年，因抗战全面爆发，中国赛马会被迫停赛为止，金尊始终未曾被任何人所拥有。于是金尊便成为赛马界梦寐以求却始终难以企及的荣耀了。

中国赛马会投入大量金钱、人力，成功打响金尊赛的名号，使其成为引翔最具代表性的经典大赛，也是沪上每年新马的最后冠军赛。谁知却意外帮了马贩的忙，原来马主为夺金尊，每每不惜重金购进新马，也带动赛马界良性循环。

到了 1928 年，引翔已与上海、江湾两地的跑马厅平起平坐，不仅固定举行常年大赛，更被纳入每年沪上赛马日历。引翔的加入使得上海的赛马日从原先的全年 33 天，一跃暴增为 68 天；1934 年更进一步攀升到 76 天。除了 3 座跑马厅各为期

4 天的正式大赛，还有各跑马厅的单日游戏赛、三个马会的联合赛、上海元旦赛等。换言之，除了 7、8 月因天气太热暂时休赛，上海几乎没有一周没有比赛，有时甚至一周两天有比赛。

白相人

张啸林、杜月笙不是赛马界仅见的白相人，不少帮派中人跟随这二位的脚步，也陆续加入了中国赛马会。他们有的是二人的同辈，有的出身杜月笙手下的"小八股党"，有的是三大亨早期烟土买卖的对手"大八股党"成员。令人惊讶的是，他们都展现出对英式赛马文化的真诚热爱，海上闻人马祥生即是一例。

马祥生，常州人，据说早年在沪上制皮箱的作坊里当过学徒，因偷东西被赶出，流落于十六铺，经常在码头睡铁板过夜，遇有洋船靠岸，才得以在船上大厨房干些临时杂活，因此会说几句"洋泾浜法语"。他与杜月笙是同参弟兄，均拜青帮"通"字辈的陈世昌为老头子。二人后来靠进黄金荣的公馆打杂，才逐渐在法租界闯出一些名号。杜月笙从跑腿开始，马祥生在厨房掌勺，二人皆因名字中有个"生"字，与金廷荪、徐福生、吴榕生、顾掌生等并称为黄老板左右的"八个生"，在鸦片、赌场等流血拼命的行当中为自己挣得一席之地。

随着烟土生意日渐稳固，马祥生开始独当一面。除经常代杜月笙与法国巡捕、包探打交道外，因出身厨师，他先是盘下两家沪上著名菜馆，后又投资游艺场、戏院等，当起合法生意的老板来。1938 年底，他更与电影界巨头合组五福游艺公司，于法租界兴建金门大戏院，自任董事长。

话说 1926 年时，他的经济才刚略有基础，中国赛马会一成立，他就立即加入，以自己的英文名为马房名。他的马最初多以"spur"结尾，如 Williamspur、Jackspur 等；1928 年起改以"Merry"为名，如 Merry Fair、Merry Friend、Merry Lad、Merry Lord 等，赛马界取"Merry"之音，称其马房为"曼来马房"。

张啸林、杜月笙二人把赛马当作攀升殖民社会阶梯的工具，马祥生却非如此，他对赛马似乎有着真诚的兴趣。他一方面热心采买新马，逐步扩大马房的阵容；另一方面加入万国体育会，以求增加比赛的机会。在马祥生的努力下，曼来马房成绩优异，单是 1928 年就有 16 匹马胜出，而且此后数年继续增加，1934 年胜出的马匹更高达 34 匹，是该年所有马房之冠，华人马主中无人可敌，就连上海著名的沙逊马房也甘拜下风。

因其成绩出众，马祥生 1932 年获选为中国赛马会董事兼执事，负责维持比赛时跑道与围场的秩序。

马祥生和杜月笙一样识字有限，开支票不签名，就连盖印章也要人代劳，但他有一个优势，就是外貌与一般习见的江湖打手不同。他风度潇洒，一副白面书生的模样。后人回忆在上海跑马厅见到他的样子，说沦陷时期的马祥生"五十上下年纪，身材适中，面貌清秀，文质彬彬，不太像想象中的帮会人物，但开口说起话来，就是十足的白相人味道了"。

图 3-7　马祥生赢得引翔赛马后拉马走过大看台（1936 年 3 月）

说明：一袭长衫、头戴呢帽，文雅的外貌，的确让他看起来风度翩翩。

马祥生可能是最享受赛马文化的白相人了。他自己虽不好骑，但对洋人马主的习惯毫不客气地全盘接受。除了自己牵马走过大看台，也学沪上洋人让自己的小孩上场一同牵马。1936年3月22日，恩加那沙（Charles Jose Encarnacao）骑曼来马房的"曼来索司"（Merry Thoughts）赢得江湾"徐家汇平力赛"。胜出后，马祥生让两个读小学的儿子拉马，只见两个虎头虎脑的小家伙一左一右拉着辔头大步向前，马祥生笑吟吟地跟在旁边，后头还有一个笑逐颜开的马夫，大家都充分享受胜利的喜悦。

图 3-8 马祥生与其子

说明：1936年3月22日，马祥生的马匹胜出后，两个儿子一同拉马走过大看台，两个小家伙胸前别着江湾跑马场的贵宾证。

除了马祥生，青帮中还有一些地位较低的头头同样热衷赛马，其中尤以"小八股党"的高鑫宝最为有名。

高鑫宝又名高怀德，跑马厅西南"马立斯"一带人，生来高大，外号"Long Man"，是八股党中的长人。后人回忆，他平时言行举止略带洋气。原来他出身贫苦，自小便到洋人的网球场担任球童，替人捡拾网球，时日一久，练就眼急手快的身手及一口无师自通的英语。稍长，至英人的"斜桥总会"做仆欧（英文 boy 的代称，也就是外国人俱乐部里的小弟）。斜桥总会是上海数一数二的乡村俱乐部，专供洋人户外打球、休憩之用。据说他在该处曾当到干事，只因洋人总会讲究礼节、不易讨好，这才转为龙飞汽车行的电话接线生，脱离仆佣的行列。由于这段奇特经历，高鑫宝对洋人的体育活动、生活方式，乃至英式俱乐部都不陌生。

龙飞汽车行的前身即龙飞马车行，马车夫多半在帮，后来虽改为汽车行，但环境并无多大改变，不过是把牲畜换成了机器。当时上海打电话雇汽车的多半是洋人，说的全是英语，高鑫宝能听得分明、讲得清楚，虽然是洋泾浜，却是白相人中少数能以英语对答者。

高鑫宝为了工作、为了前途，在做电话接线生时便拜了

"大"字辈的王德林为老头子,从此如水之就下,再难回头。他在马立斯一带聚众斗殴、打群架、敲竹杠、砍人、绑票,凶悍异常,是当地有名的"斧头党"。杜月笙就是看中他的凶悍才将其收编,成为"小八股党"的核心分子,与顾嘉棠、叶焯山、芮庆荣并称"四大金刚",被认为是头脑最灵活、最擅长临机应变者。

可能他心中早就存了"有为者亦若是"的念头,待经济基础稳固后,先是在法租界开设了"大盛土栈",专门贩卖烟土,销往太湖一带,生意还颇为兴隆,但到了1933年因竞争激烈,他突然决定洗手不干。三年后,他租下麦特赫司脱路三○六号,开设丽都花园舞场。从此,他由法租界转到公共租界,做起舞场老板来。该处原为沪上"地皮大王"程谨轩之孙程贻泽的宅邸,花园洋房,占地甚广,高鑫宝将之辟成跳舞厅、夜花园、大饭店、游泳池四部分,很快便成为同业中的佼佼者,名流如杜月笙、张啸林、王晓籁等都是跳舞厅的常客。高鑫宝以主人身份结交名流、招待巨商,与当土栈老板时专营非法勾当,已不可同日而语。与此同时,他也越来越在公开场合使用"高怀德"这个名字,仿佛有意与过去一刀两断。

也就是在这时,高鑫宝加入了中国赛马会,马匹均以

"King"为名，如 Cheerful King、Ideal King、King of Kings、Sporting King、Victory King 等。他一直活跃于跑马场上，直到抗战全面爆发。

图 3-9　高鑫宝

说明：1936 年 3 月高鑫宝赢得引翔赛马后牵马走过大看台，果然是一个异常高大的汉子，足与赛马界另一"长人"道勒斯媲美。

高家不光是高鑫宝热衷赛马，其弟高怀良甚至比他更早加入中国赛马会，而且还是引翔跑马厅的第一批华人骑师。高氏兄弟对运动的爱好不仅限于赛马，还包括了其他西式体育活动，特别是足球。

高鑫宝成为丽都舞场主人后，先是于1938年出资成立丽都足球队，后又将其扩大为丽都体育会，自任会长。丽都体育会的活动除了踢足球，还相继成立越野、竞走、田径等队伍。高鑫宝赞助体育不仅挂名，还竭尽心力，特别是对足球这项运动。每逢丽都出赛，他必定到场，即便事忙也要等开球后才离开，平日他对球员生活又十分关心，球员被其感动，比赛时也都全力以赴，因此经常胜出。1939年、1940年，丽都足球队连续两年战胜西洋强队，勇夺沪上足球最高荣誉"史考托杯"（Skottowe Cup）。

1940年3月15日，高鑫宝因涉嫌投靠汪伪政权，被军统局地下工作人员暗杀身亡。数日后，适逢上海足球联合会举行年度国际杯足球赛，决赛由中华队对葡萄牙队。中华队员虽来自沪上各球队，实则以丽都居半。上半场，双方以2:2陷入胶着状态；下半场，英国裁判盘脱（Stanley Ernest Burt）硬判中华队犯规，全场哗然，中华队最后不幸败北。《社会日报》记者在报道时感叹："要是高鑫宝还在世，盘脱一定不敢如此颠倒黑白，轻视中华队。"当日观者也说："高鑫宝死，中华队就感到失去领袖人物的痛苦了。"由此可见，高在足球界的分量，可说他既是丽都队的赞助人，也是中华队的保护者。

除了马祥生、高鑫宝，白相人中热衷赛马的还有叶焯山、谢葆生、戴步祥、王永康等人。他们或出身马夫，或在公共租界警务处任包探，又或者包揽租界倒马桶生意，都是没帮派背景难营生的行业，到了1930年代末已不再为生存而打杀，转行做起合法生意来，这时便积极投入赛马活动，成为跑马场上的中坚力量。

至于为何会有这么多帮会分子热衷赛马？检视其背景可以发现，他们多在洋人机构担任过仆役、马夫、马贩、汽车夫或接线生的工作，对于赛马或英语世界并不陌生，还有一定的内在渴望，因此一有机会，便不顾一切地投入。

这些人加入马会成为马主绝非为了金钱，更非为了名声。须知马房是个赔本的生意，所赢的奖金经常还不够买马、养马的开销；此外，赛马还是个匿名的世界，就算专事报道的《竞乐画报》，所刊出的也只是马主的英文姓名，除非是圈内人，否则一般人很难由"C. S. Mao""Mr. King""Mr. Y. S. Doo"等姓名联想到背后的马主。换言之，这些人享受的不是大众知名度，而是小众式的精英感。尤其是运动与俱乐部两者和租界之间，本就存在一种微妙紧密的关系。打入马会、获得圈内人的肯定与尊重，无疑就等于在租界有了一席之地。

　　倒是上海跑马总会对这个号称"纯粹华人"的赛马会，既无力阻止，又无法在社交上视而不见，于是每当三会共同举办比赛或相互往来时，便可以见到英国绅士与黑帮大亨齐聚一堂、正经生意人与白相人把臂言欢的场面。在奇特的租界社会里，赛马文化也未能免俗地，出现了最出人意表的转变。

第四章 运动场乎？赌场乎？

进入 20 世纪，"观众性运动"（spectator sports）开始在全球兴起。这个特殊的发展将运动赛事从私下的友谊比赛，转变成一种公开展演的活动，甚至进一步职业化，最终演变成今日我们所熟悉的各项职业运动赛事，也就是由技术高超的选手们进行比赛，展现给热情的运动迷观看。赛马恰为其中一支，可以说观众的买票观看，正是造成赛事刺激有趣的重要因素。

本章我们将换个方向，从观众的角度出发，探究赛马在中国社会各个层面所造成的影响。在换了对象后，我们还可以发问：赛马最初传入中国时，城市居民对于这种奇怪的洋玩意儿究竟是如何反应的？另外，民国时期盛行买马票，大家对于这种洋赌博又是如何看待的？

看热闹本就是中国传统娱乐非常重要的一环。晚明以降，中国许多市镇逐步发展出丰富、多彩的公众娱乐活动，如庙会、赛会、斗鸡、蟋蟀局、鹌鹑局等，不但可以观看，还可以下注。城市居民尤其喜欢一些平常不易见到的"异景"，如城隍出巡、重要人物过世"大出丧"等，每每引来人山人海的追随与观看。

所以英式赛马引入上海后，华人观众很快便聚而观之，万人空巷，有如参加庙会一般。等到后来城市居民终于可以入场，甚至有机会下注时，更犹如参加斗鸡、蟋蟀局、鹌鹑局般，热衷万分。只不过赛马的局面更大，下注的方式前所未见，入场的门槛也更高，加上背后先进文明的意涵，使得文化的延续性与断裂性联手，将赛马的娱乐效果一步步推向了租界社会的各个层面。

看跑马

跑马本就好看，洋人跑马更是不可不看。整个19世纪下半叶，不分通商口岸，华人都把跑马视作"娱人耳目"的盛景。由于跑马场多在城外，与城区有一段距离，每逢赛季，想看热闹的人就会不辞劳苦，或租马车，或坐东洋车，或乘轿，或步行，赶赴城外场地。这时，平日冷清的跑马场一时间变得热闹无比。

清末时观赛的人数最多可以达到2万。一般认为，同治时期（1862—1874）上海县城的人口大约是20万。以此推估，赛季时，至少有一成的人口涌向了跑马厅，撇开走不动与走不开的，不可谓之少。只是除了当地道台、县令及其他官员可以受邀，大多数华人均不得其门而入，只能站在东、北两侧，隔着壕沟与木栏远眺。然而，这些人丝毫不以为意，因为对城市居民来说，这是犹如钱塘江大潮的"奇景"，也是回去后可以吹嘘的"异事"。可以说，跑马观众没有贫富贵贱之分，亦无男女老幼之别。

洋人为求赛事精彩有趣，定有一些特定的规则，譬如多次胜出的马必须在座垫内加装铅块增加负重，给予其他马匹机会。但华人不解，亦不感兴趣。大家看的是骑师身上五颜六色的彩衣、台上洋人仕女的长裙，以及马匹奔驰时的风驰电掣，还有一圈下来先胜后衰或先衰后胜的捉摸不定。当时沪上重要报纸《申报》派出去的记者多半不谙英语，对赛事结果也语焉不详，或者道听途说。报社记者尚且如此，遑论一般观众，但这似乎并不妨碍大家的兴致。

早在比赛开始前，众人就已满怀期待，等到比赛结束后，更是饶富兴味地大肆品评。在回去的路上，经常可以见到有人指手画脚，议论哪个骑师表现得精彩，哪个又待加把劲儿。等到回到家后，又不忘向左邻右舍吹嘘一番："我看到第一场有5匹马出场，最后穿蓝衣服的获胜。"有时天气不佳，视力有限，能看到什么其实颇值商榷。例如光绪六年（1880），便有人承认："穷目力之远，不过瞬息即已过去，人则如蚁，马则如豆，方欲注视而狂风扑面，尘沙眯目，不可耐也。"也就是说，马匹的速度太快，一下子便过去了，很难让人看清，而且距离太远，人看起来如蚂蚁般大，马匹更有如豆子，加上旷野中风沙扑面，才正要专心看，眼睛就进了沙子。

距离遥远、信息不足，加上天气因素，让19世纪看跑马成了不折不扣的"看热闹"。但正因为局外人看热闹，谈不上输赢胜负之心，所以刺激兴奋之情才更显纯粹。于是每当结果揭晓时，押对宝的洋人狂喜，押错宝的洋人叹息，唯独华人毫不在意。

在各项赛事中，华人最热衷的莫过于"跳浜"了。所谓跳浜，是指在最里圈的跑道上，每隔一段距离挖出宽度不一的沟渠，里头注满清水，形成沟壑，再用泥土在四周堆砌成边界，插上木条花草，有若竹篱。由于上海人称小河沟为"浜"，称竹篱、柳条编出之物为"箕"，所以这种比赛被称作"跳浜"或"跳花箕"。在规模大备的光绪年间（1875—1908），上海春秋大赛已扩增为4天，前两天大多在外圈的草地跑道上进行；到了第三日，便会安排一场与众不同的障碍赛，在最里圈的跑道上竞技，这便是"跳浜"了。

"跳浜"无疑是一项可看性极高的比赛，因为马匹的速度不是唯一，跳跃的能力和临场胆识才是关键。惯于跳跃的马匹自然一跃而过，善于奔驰者却往往临水畏缩，必须鞭策方才勉强过关。有时小浜顺利通过，大浜却纷纷落水，还有骑师摔落马背、被马匹碾压重伤的情况。因为颇具危险性，每当比赛时，观众不论中西无不"目不转瞬"，等到各骑悉数通过，才"欢叫之声达于四野"。

华人喜爱跳浜，因为它新奇可喜，"足以一扩耳目"。尤其是骑师落水时的狼狈相，更有十足的娱乐效果，成为众人的最爱。每逢听到马匹摔人前的颠蹶声、落水时的泼刺声，以及见到骑师连人带马摔落水中、拖泥带水从沟渠中爬起的垂头丧气模样，众人无不拍手大笑，引以为乐。由于华人爱看跳浜，比赛第三日常是华人聚集最多的一日。光绪三年（1877）春赛，因赛事稍做更改，跳浜赛提前举行，但华人不知，明明第三天的赛事已经结束，众人仍站立路旁，踮着脚尖、伸长脖子，耐心等待。跳浜的吸引力由此可见一斑。

华人看跑马的兴致既真且切，但跑马不是唯一的重点。除了场内的精彩刺激，场外也有激动人心的发展。每年两季

图 4-1　清末《点石斋画报》中所绘的跳浜赛

说明：因为要跳过沟渠，骑者经常有跌落马背的危险。

资料来源：吴友如主编《点石斋画报》，戊 10，广东人民出版社，1983，第 74 页。

的赛马日都在场边形成一个临时的休闲空间，这几天就像华人的节庆、洋人的假期，日常生活的一切规章束缚都获得暂时性的解放。洋人主持的领事署、海关、法院下午停止办公，洋行、银行、工厂也歇业半日。另外，停泊各口岸的英法军舰，其水手、士兵非遇周日也准其上岸，饮酒、赌博百无禁忌。华人方面，举凡与洋场有往来的行业，这几日均封关，形成半歇

图 4-2　"去上海看德比大赛"

说明：看跑马的风潮如此之盛，1879 年美国《哈泼杂志》（Harper's Weekly）介绍英国赛马的同时，还刊出一幅众人赶往上海跑马厅的木版画，题为"去上海看德比大赛"（Going to the Derby at Shanghai）。画中有男有女，有洋人有华人，有衣冠楚楚的绅士，也有纵马街头、不顾行人的水兵，大家或坐车，或乘轿，或骑马，或步行，众人一心，赶赴跑马场观看比赛。这幅画虽然可能是结合了多张照片拼接而成，招牌的中文文字也是洋人的想象，但确能看出当时赛马活动已经像赶集那样热闹。

资料来源：Harper's Weekly, 14 June 1879, pp. 468–469。

业状态。尤其随着上海市面的开展，到了 19 世纪末，这些行业从钱庄、茶行、丝行、烟土、洋货扩大到了汇市、股票、标金业（标金意指标准金条，中国以银为货币单位，而英美国家均以金计算，进出口也以此报价，为避免交割时因金银比价的涨落而造成损失，当时外汇业者多向标金业购入相当数量的金条，从而形成此一特有的行业），无疑为跑马提供了一定的

图 4-3　看跑马

说明：清末画家吴友如也凭借画笔生动描绘了华人抵达场边后的情形。可以看出赛场边人山人海，轿子、马车、东洋包车停得杂乱无章，不知凡几。车内车外站着、坐着的男女形成一幅市集般的休闲图画。

资料来源：吴友如主编《点石斋画报》，甲 2，第 15 页。

群众基础。另外，就算与洋人没有直接关联的行业，受到跑马新奇有趣的吸引，员工也会前往一观。所以，观看跑马的人除了文人雅士、冶游子弟、富商显宦、工匠负贩，还包括青楼名妓、大家闺秀、小家碧玉等，甚至许多湖丝阿姐、摇纱阿姐和自行开店的妇女也会呼姨唤姊，趁着跑马假期，一道携手及时行乐一番。

在这个空间里，不论青楼、红楼，均任人平视。对于平时没有机会进剧馆酒肆一睹名妓风采或与大家闺秀接触的"饿汉"而言，不啻天赐艳福，便忙着在跑马场四周跑来跑去，东张西望。即使不是"饿汉"，身属文人雅士之流，见到青楼名妓倾城而出，衣香鬓影，极尽妍态，也忍不住左顾右盼了起来。

买马票

清末城市居民因无法进场，对于跑马的兴趣集中在"看跑马"一事上。不过进入民国后，江湾、上海两地的跑马场相继开放华人入场，城市居民的兴趣便迅速由"看跑马"转向至"买马票"。

华人进场后，很快发现展现在眼前的不仅是一种新式运动，还是一种全新的赌博方式。原来，跑马场采用的是"赢家分成法"，其特色在于庄家不参与对赌，仅在旁抽成，赌金由赢家均分，其中包括"独赢""位置"等名目。所谓的"独赢"，就是买一个号码，若该马跑第一，便可赢得彩金。至于"位置"的机会更大，号码所属的马不论跑了第一或第二，下注者均可分得彩金。赢家分成法的好处在于，娱乐性质高，只要跟着热门马下注，赢的概率就很高。若是下注者众，平分的彩金也有限，只有难得爆冷的状况才可能抱得多数彩金归。

举例来说，马票的价格一张5块钱，若100人下注，总赌金就是500元，跑马场最后会抽取10%的手续费，剩下的450元就由赢家均分。假定1号马的成绩向来优异，近来状态又佳，是个大热门，前述100人当中有80人买它独赢，而它也不负众望，果真胜出，那么这80人便可平分450元，即每人赢得五元六角，金额不算多，仅比本金多出六角。这就是所谓的跟着热门马下注，赢的概率高，但平分后的彩金多半有限的原因。反过来说，如果胜出的不是1号而是5号马，这匹马又刚从关外进来，其貌不扬，众人不明底细，只有一人买它独赢，没想到最后爆出冷门，它果真脱颖而出，那么450元的彩金便尽归一人独有，等于净赚90倍之多。

在这种赌法下，不论是想小赌助兴，或大赌过瘾，都有机会。由于赔率的多寡与下注的人数密切相关，需要大量计算，跑马场引入了赌金计算器协助赌客做决定，众人可随时看到每匹马的赔率变化，所以不管是上千人还是上万人下注，都不成问题。

当时上海已有麻将、摇摊、番摊、牌九及花会等各式赌博，分别适合不同阶层的人参与，但赢家通常只有一位。另外，传统赌博一般规模不大，参与的人数有限，像是赌场中的一场摇摊，下注者也不过数十人，仅有花会可以让数百人同时参与。然而，"赢家分成法"借由赌金计算器的协助，可以让场内多数人同时赢得彩金，娱乐性又高，加上跑马厅宏伟堂皇、占地辽阔，在城市居民心中代表了西洋、现代与体面，使得城市中产阶级乐于参与。

为了协助城市居民了解赛马，《申报》自1922年秋季起，聘请上海跑马总会职员方伯奋开始撰写较完整的报道。从这之后，报纸对赛事的描述不再只用颜色区分，例如"第二次十五马，大英公司黄衣帽黑马胜"，而是清楚说明赛事名称、参赛马匹、骑师姓名、所负磅数，以及独赢和位置的赔率等，甚至不幸落败的马也一一列出，使人一目了然。通常，方伯奋会在赛前提供试马成绩、骑师动向等消息，比赛当天又会在报上刊出赛马预测；若是遇上重要大赛，更会在场边分送赛马预测表。这些都让观众下注时有所依据。

此外，赛马老手邱如山也出版了本袖珍手册，名曰《赛马指南》，以图表罗列当年各马赛况，注明擅长泥地或烂地，使人一目了然。另有一老手化名"晋阳逸民君"，将数年赛马经验及购票秘诀编写成《赛马必读》，供赌马爱好者参阅。

1931年，上海小报中最具规模的《社会日报》也加入战局，在赛马期间发行两大张增刊随报免费奉送，内容除三个跑马场的试练成绩及赛事预测外，还添加了"今日有希望之名驹成绩摘录"一栏，成为其重要特色。该栏将重要马匹的历年成绩，依赛事距离分类，详列负重、时间、速度、跑道位置、骑师姓名、同场对手，及最后冲刺秒数等细节，使读者能据以分析马匹的状况、习性和胜出概率。

至此，赛马的中文数据可谓大备，不论行家或业余爱好者，均可找到合适的数据入手。是以《申报》形容："每逢赛事，赛马记录与赛马预测几乎人手一张，赛毕随手一丢，地上残片满地，有如秋季落叶，随风飞舞。"

在如此密集的宣传和教育下，城市居民逐渐掌握了下注的方法与技巧，所谓的"马迷"也渐渐出现。著名作家赵苕狂便是一例。赵苕狂，浙江吴兴人，早年就读于上海南洋公学，毕业后先是在大东书局任总编辑，后又被请至世界书局任主编达17年之久。他同时从事小说创作，被认为是鸳鸯蝴蝶派的

图4-4　下注前众人莫不研读赛马预测

说明：图为正在研究选哪匹马好的观众，从其胸前所挂的徽章判断，这二位应该是马会会员。

资料来源：Oxford University Press (China) Ltd 1994。

主力作家。这样一位文化人，不知怎么迷上了跑马，而且每逢春、秋大赛，必得参与，否则茶不思，饭不想，"心慌意乱，不知怎样才好"。他甚至和书局老板约定，每逢赛马季，必须让他放假。可能赌马需要观察与分析，特别吸引喜欢用脑的知识人。赵苕狂坦承跑马这种赌博比其他赌法都要来得厉害，若是上瘾，休想戒掉。他有个朋友就是因为输太多，一度发狠话说再也不赌了，但等到下次比赛，又见到他手里挟本跑马书，静静地站在场边。

赵苕狂是那种看准便紧跟不舍的类型。有匹马名唤"亨利第八"（Henry Ⅷ），是英国人都易（Raymond Elias Toeg）马房的马，1921年连赢两次。从此以后，赵苕狂便"摸热屁股看定它去买"，出来一次买一次，几乎没停过。刚开始经常落空，1922年春赛首日第一场终于爆出冷门，5元一张的独赢票，彩金高达790多元。可惜当天赵苕狂赶稿迟到，刚好错过，只能徒呼负负。

赌博因素的加入，使得场边观众不自觉地改变了观看的习惯，本来跑来跑去看热闹的情形不再，取而代之的是站定一处、屏气凝神地注视。赛马场上素来就有看与被看的传统，如今依旧。例如中西仕女依旧利用此机会展示服装；专为看人而去的，也依旧觉得看人比赛马赢钱有趣。只不过多数人已存了

图 4-5　1938 年上海春赛

说明：会员看台上的观众有男有女，有中国人、西洋人，也有日本人，大家均衣冠楚楚。

资料来源：Oxford University Press（China）Ltd 1994。

胜负之心，所看之重点便已由看人转为观看奔驰中的马匹或骑师，加上周遭声音嘈杂、众马奔驰、观众情绪大起大落，形成一股独特的兴奋感。这种气氛正如新感觉派小说家刘呐鸥描述的："尘埃、嘴沫、暗泪和马粪的臭气发散在郁悴的天空里，而跟人们的决意、紧张、失望、落胆、意外、欢喜造成一个饱和状态的氛围气。"

图 4-6　1938 年上海春赛

说明：大看台上人潮汹涌。大看台专供一般民众使用，所以远比会员看台拥挤，大家摩肩接踵的，恰可与图 4-5 的衣冠楚楚做一对比。

资料来源：Oxford University Press (China) Ltd 1994。

马票的负面消息

就在华人大众逐渐掌握下注技巧时，有关赌马的负面消息也开始传出，内容多半是公司职员因买马票盗用公款，最后身败名裂等事。1920 年发生一起阎瑞生因买马票失利，转而勒毙"花国总理"王莲英的图财害命案。此案轰动沪上，不仅报纸日日报道，首创上海现代剧场"新舞台"的夏月珊、夏月润兄弟更将之先改编为话剧，后改编成电影，广为流传，成为中国电影史上第一部剧情长片。

此案的主角阎瑞生年仅 26 岁，震旦大学毕业后在洋行任翻译，外语流利，人又长得体面，可能是因为钱财来得容易，很早便流连花丛，上海各种好玩的事物无一不精，开销颇大。1920 年 3 月，他突然被洋行解雇，没有了收入。到了该年 6 月，眼见端午在即，过不了收账这一关，乃向自己相好的妓女"题红馆"借了一颗大钻戒，在当铺里当了 600 元，想以此为本钱到江湾跑马场赌马，不料买马票失利，血本无归。"题红馆"因怕被鸨母责骂，对钻戒追索甚急，阎瑞生无奈，遂把主意打到另一名妓女王莲英的头上。

王莲英是杭州人，曾就读女校，因家境之故至上海为妓，1917 年在新世界游乐场举办的"群芳会选"上获得第四名，遂得"花国总理"的称号，在妓界颇有名气。此时上海的高级妓女虽不像清末那样，每逢春秋赛马珠光宝气地乘马车招摇过市，但行头依然讲究，钻戒、珠圈、手表必不可少。王莲英在这方面尤其不吝投资，以致成为阎瑞生等觊觎的对象。

1920 年 6 月 9 日下午，阎瑞生找了两个同伙，又向熟人朱葆三的第五子朱维嘉借了一辆汽车，借故把司机打发走，然后驾车邀请王莲英兜风。阎瑞生不是熟客，王莲英本不愿前往，但当时汽车在上海还是很罕见的东西，敌不过汽车的面子和派头，最后还是盛装出行。不料行至上海西郊偏僻处时，被阎瑞生及其同伙先用麻药迷昏，然后勒毙弃尸，身上珠宝首饰被劫掠一空。

此案发生后轰动一时，租界警力全部出动，两个多月便将逃往外地的阎瑞生等人逮捕归案。据说阎瑞生在捕房撰写口供时，还念念不忘地询问巡捕江湾最近的跑马日期。

场外下注

自从跑马场开放华人入场后，不论是观看或下注均移到了场内，特别是"独赢"和"位置"的赌法，需要入场才能下注。这对好谈"马经"的"马迷"来说固然是乐事一桩，但对那些对赛马毫无兴趣，只想一试手气的人来说，不免就有些不便了。但令人惊讶的是，这些人很快就找到场外下注的办法，就是购买事先发行的马票——香宾票。

这是一种针对每季最后总冠军赛发行的马票，性质类似彩票，赌金由赢家独得，而且奖金高度集中。虽然它中奖的概率极低，但一旦中奖，便是一笔横财，所以后来演变成华人场外下注的首选。

其实上海跑马总会早在 1901 年便引入了这种赌法，只是它的性质太过接近彩票，恐引起租界当局反感，故一直遮遮掩掩，甚至一度禁止。谁知后来欧战爆发，为了募款支持战事，上海跑马总会不得不改弦易辙，重启停止数年的"香宾票"。一方面，将场方抽成比例由一成提高到两成；另一方面，在赛前数月就开放给会员认购，好让大家有时间向非会员推销，发行量渐增之后，又默许卖给租界华人。

具体做法是，赛季开始前数月，先开放香宾票供会员认购，每张 10 元，上面依序印有一组号码，如 10001、10002、10003 等，号码不能挑选，大家自凭运气。这种赌法有两层筛选机制，第一层就是要看所买的香宾票能否进入决赛，也就是说决赛当天，马会将摇出与马匹相对应的票号。例如，若有30匹马符合决赛资格，便摇出30组号码，如"华伦飞"（Warrenfield）是49668号，"富而好施"（Full House）是13899号，依此类推。如果所买的香宾票号名列摇出的号码当中，便可以进入下一阶段，也就是看马票所代表的马是否能够胜出。譬如，如果"华伦飞"在决赛中跑第一，该票持有人便中头奖。奖金的计算方法是，全部卖出的票款，扣除跑马总会两成的手续费，以及一成给摇出号码但最后没得名次的人作为小彩，余下的七成为头奖、二成为贰奖、一成为叁奖。

由于香宾票的奖金高度集中，只有比赛当天才摇出票号，所以每当摇号时，跑马厅内万头攒动，人人紧张地手持票号与广告牌上的号码比对。若是自己买的号码幸运地名列其中，固然让人兴奋不已，但更重要的是，所持的票号是否真为大家看好的热门马。要是冷门马，下注者自然灰心，觉得自己与大奖已无缘；反之，要是热门马，也不免患得患失，担心马上场时可能表现失常。所以说，一张马票带来无穷的希望，也带来无穷的失望。

香宾票的奖金虽然高度集中，但实际奖金的多寡取决于发行的数量。在欧战前，最高仅五六千张，头奖亦不过三四万

图4-7 1919年11月香宾广告牌前的人潮

说明：由于此时正公布香宾赛的票号，也就是哪些号码代表出赛马匹，所以大家都引颈期待，希望自己买到的香宾票可以名列其中。

资料来源：徐家汇藏书楼藏。

元。但经过上海跑马总会的改造，还有会员的努力推销，1919年秋赛共卖出1.8万余张，头奖奖金也达到9.4万余元。由于华人购买者众，到了1923年，上海跑马总会进而将大香宾票分为A字与B字两种：A字固定发行5万张，头奖为22.4万元；B字的发行量也在三四万张，头奖奖金多则20万元，少则也有13万元。以香宾票一张10元论，其赔率高达2万多倍。沪上奖券虽多，但奖金数额之巨，实属跑马大香宾第一。加上上海跑马总会在上海历史悠久、声誉卓著，奖金向来十足付现，从不拖延，庄家背景之硬，难有其他机构可望其项背，遂大幅加强了沪上华人购买的意愿。

香宾票一如市面上的其他奖券，得奖与否全凭运气，既不需要分析马匹的状况，也不需要了解骑师的能力，对于喜好斗智的"马迷"来说固然缺乏趣味，但正因为不用动脑筋、不需任何赛马知识，加上奖金高度集中，可以花小钱赢大钱，反而成为场外下注者的最爱。

香宾票的发行很快引起华人的兴趣。由于华人必须通过上海跑马总会会员才能购得，所以最初仅有在洋人家工作的华人才有机会一试手气，但1920年代后，有门路的人可以在赛前向会员或会员的朋友转购；没有门路的人也可以在赛季开始后入

图 4-8　1927 年上海秋季大赛所发行的 B 字香宾票

　　说明：号码即为中央下方的 19927。此时的香宾票虽仍以英文为主，但为了配合华人观众，上方有"上海跑马会""会员摇彩票"等中文字样，下方左、右两角也特别注明每张"拾圆"，开奖时间则为 1927 年 11 月 9 日。

　　资料来源：John Bull Auctions。

场购买，因此逐渐出现由中产华人独力购买的情况。上海跑马总会为了配合工部局不得公开发售的禁令，对购买资格的限制时紧时松，但大体上处于"上有政策，下有对策"的状况。譬如，1922 年春赛时，上海跑马总会应工部局的要求，一方面在场内贩卖香宾票的地方围起栅栏，不准非会员进入；另一方面为了确保马票的销量，又经常派会员在栅栏内伫候，华人若欲购票，只要把钱递进去，说声"Please"，多能如愿。工部局虽派有巡捕在场，但因最后购买的人为会员，不违反工部局指令，所以也无可奈何。

香宾故事

虽说赛季前往跑马厅可以购买香宾票，也可以观赛，一举两得，但大部分购买香宾票的人其实对赛马毫无兴趣，也不想花钱入场。他们取得香宾票的方式是至洋行、洋商的熟人处，请人出让。1922年春赛，头奖为中国电报局10位职员共同获得，过程曲折，颇能反映当时华人辗转购票的情形。

电报局有位老职员购买香宾票多年，已成习惯，因此当年春赛开始前，便前往儿子工作的洋行，询问是否有人愿意出让香宾票。其子让他转往母舅所在的日清轮船公司，于是老职员便转往在日清轮船公司任司账的大舅子处，表示想买两张香宾票，一张给自己，一张替山东的朋友购买。大舅子答复可以想办法代购，要老职员明日再来。第二天老职员再去时，大舅子说只购得一张，但他自己有两张联号，不如联号给老职员，自己留下新买的一张。老职员带着两张香宾票回到电报局，众人听闻，都抢着入股。说也奇怪，老职员向来独买，不喜与人搭股，这次却欣然同意。不过票有两张，一张是21250，另一张是21251，到底该留下哪一张好呢？这时，一旁刚好有同事在看灵学会章程，看到第十一条，遂建议留下尾数"1"的那张，大伙均无异议，于是21251被留下，21250寄往了山东。

到了决赛那天，各股东均不认为会中奖，故无人留意此事，直到第二天看报，才发现21251中了头奖。众人向往的22.5万多元，就这样不费吹灰之力地落入口袋。大伙赶紧找了跑马总会有势力的洋人签字，将钱领出，然后依股分配：出1元的得2万多元，出5角的得1万多元，个个都成了小富翁。众人一连请了三天客，还一同到照相馆拍了张合照留念。由于灵学会的章程有功，他们又合捐了2000元，一同入会做了会员。

沪上中英报纸除了定期刊出得奖号码，还经常大篇幅报道香宾得主的故事，无形中加强了"好运来时挡都挡不住"的想法。譬如1924年2月，江湾举行新年大香宾赛，三位华人警司奉派前往维持秩序，在决赛前一刻合买了一张香宾票，结果竟中头奖7万余元。又如1924年11月，上海秋赛的头彩由奉天兵工厂总理英人苏顿上尉（Captain Francis Arthur Sutton）获得。据说，当时奉天英侨总会向上海订了 30 张香宾票，由会员分别认购，苏顿的那张是最后没人要时硬派给他的。又如1934 年 4 月，江湾大香宾头奖由上海知名足球教练英人李思廉（Alexander Huddleston Leslie）独得。李早已买下 5 张香宾票，到了比赛当天清晨，又有一位朋友坚决再出让一张给他，他为情谊所迫，勉强接受，谁料反而中奖。

报上还有许多与大彩擦身而过的故事。例如 1924 年春季，香宾头彩由怡和洋行的惠尔生（Walter England Wilson）夫妇等 5 人合得。此事是在麻将桌上临时起意，5 人各出 2 元，托一位会员朋友购买。这位朋友购入两张后，自己保留前一号，后一号让予惠尔生等人，结果竟与 20 余万元奖金擦身而过。1926 年春赛，一位日本人与 B 字香宾头彩失之交臂。据说他共买了三张香宾票，开彩前夕，忽然有一位远方朋友来信拜托代买一张，他随手抽出一张寄去，不料却是头彩。这些香宾得主的故事在在鼓励了读者一试手气，说不定好运会从天而降。况且，就算不中，不过是加强了"富贵自有天定"的信念罢了。

眼见上海跑马总会发行"会员香宾"卓然有成，各个马会也开始纷纷如法炮制。以上海为例，每逢春秋大赛，万国体育会与中国赛马会都会发行香宾票，不过数量有限，一般只发行一两万张，规模远不及上海跑马总会的八九万张。此外，北京、天津、香港等地也发行香宾票，只不过两万张已属佳绩。另有通商口岸的其他小型赛马会，数量仅能以千计。上海跑马总会的香宾票经过一再扩大发行，到了1930年已高居远东地区各赛马会奖金之冠，且销售遍及各个通商口岸，香宾大赛亦被誉为远东最重要的赛事之一。

香宾滑落

1920年代掀起的香宾狂潮，到1930年代以后意外出现了降温的情况。不仅发行量滑落，就连头奖奖金也节节下降，从14.2万多元、10万多元、7万多元，一路下跌至3万多元，远非当年的22.4万元可以比拟。

1931年，眼见香宾票市场蒸蒸日上，上海跑马总会不由得信心满满，于该年秋天决定合并A字、B字，一举扩大发行12.5万张。不料发行量不如预期，该季仅售出8.4万多张，头奖奖金骤降至 14.2 万余元。接着发售数量又上下震荡。1932 年春赛不到 6 万张，1932 年秋赛稍稍上扬至 8 万余张，但次年秋赛又下降至 3 万多张。有鉴于新制效果不佳，1934 年春，上海跑马总会被迫改回单号头，但发行量仍继续下滑，该季仅售出 2.8 万余张，1935 年秋赛售出 1 万张出头，到了 1936 年秋赛竟低于 1 万张。

之所以会如此，与两个因素有关：一是慈善香宾票的排挤；二是航空公路建设奖券的竞争。

如前文所述，1931 年夏天，江淮发生来势凶猛的特大水灾，杜月笙等人在上海市政府的要求与支持下，以中国赛马会的名义，发行慈善香宾票 10 万号，并于 10 月 25 日在引翔跑马厅举行水灾香宾大赛，头奖奖金高达 44.8 万元，借此共募得 20 万元援助各省灾民。慈善赛马并非什么新鲜事，在此之前，上海跑马总会与万国体育会曾利用新年举行慈善赛马，资助租界内的慈善团体与医院。然而，杜月笙的百万香宾大赛，不仅将赈济对象由租界扩展至华界，更将救灾范围从上海延伸到了其他省份。最重要的是，从此为上海市政府开启了一座社会救济的金库。

上海市政府过去由于租界的关系，对于香宾票的收入只有眼红的份，现在有了杜月笙的先例，在接下来的数年里，每逢天灾人祸，便会号召上海各赛马会举办慈善香宾。以 1931 年到 1933 年为例，1931 年的百万香宾大赛甫告一段落，次年元月便发生了"一·二八"事变，沪北遭到日军轰炸，情况严重，到了年底，眼见灾民无法过冬，上海市市长吴铁城便联合英美驻沪总领事，出面要求沪上赛马会举行"万国慈善赛马"。该项赛事最后于 1933 年 1 月 26 日在上海跑马厅举行，共发行香宾票 11 万张，募得赈款 25 万元，头奖奖金高达 39 万元。不料万国慈善赛马结束还不到半年，同年 6 月 3 日，中国赛马会又将金尊大赛改为慈善香宾，以救济东北难民及豫皖鄂三省灾民，原本预定发行的 10 万张香宾票最后仅售出 8.2 万张，共募得赈款 16.4 万元，头奖奖金为 34.4 万余元。

这几次的慈善香宾都是通过政府机关、公司行号、报纸媒体，以半认购、半摊派的方式强力推销。短短三年，前后三次的慈善香宾，发行量都远高于一般的香宾票。上海整体可以投入买马票的余钱本就有限，如此挤压之下，上海跑马总会本身的香宾票销量遂大幅滑落。

慈善香宾之外，对上海跑马总会香宾票打击更大的是"国民政府航空公路建设奖券"（下文简称"航券"）。这是一种由国家主导，专为兴办公共建设而发行的国家型奖券。原来国民政府成立后便善于以奖金为诱因，筹措建设经费与军费。例如早在广州时期，便曾三度发行"有奖公债"。等全国统一后，中国最富裕的东南数省一下子落入掌控，又转而以发展航空与建设公路为由，于1933年7月开始发行航券。财政部部长宋子文为此精心策划，针对彩票市场提出多项诱导措施，包括提高头奖金额、增加中奖概率、保证奖金十足发给、设立专责机构严格监督办理等。

为了吸引彩票购买者，财政部首先将航券一等奖的奖金提高到50万元。上海跑马总会香宾票的头奖仅22.4万元，慈善香宾的头奖最高时也不过44.8万元，现在航券一口气提高到50万元，不仅超过先前的香宾票，更超过了中国之前发行的所有彩票，对彩票购买者来说无疑是绝大的诱惑。

其次，财政部在航券办法中大幅增加小奖的数量，以增加购买者的中奖概率，除了如一等奖1张、二等奖2张、三等奖4张、四等奖10张、五等奖50张、六等奖100张、七等奖500张等大奖，还特别加入与一等奖末二数字相同的4999张与一等奖末一数字相同的44999张，各得奖金70元、20元。如此，奖券总量高达5万多张，足以号称"每十张奖券必有一张中奖"。

在国家、市场机制的密切配合下，航券果然大卖。头两期分别于 1933 年 7 月 1 日与 10 月 31 日发行。在顺利发行后，航券委员会信心渐足，乃决议自第 3 期起，将原定 3 个月发行一次改为两个月一次；到了第 13 期，又进一步修改为每月开奖一次，券量减为 30 万张，头奖降为 25 万元，奖额再增加 630 张。从此以后，航券每月固定于第 1 个或第 2 个周五开奖，直到 1937 年 11 月中日战争全面爆发为止，前后共发行 40 期。

航券挟国家之名，成功夺取香宾票的市场。在头奖 50 万元或 25 万元的吸引下，上海跑马总会被打得溃不成军。最"可怕"的是，自第 2 期起，"为便利下层社会购买起见"，航券开始分条出售，将原先一张 10 元的奖券分作 10 条，每条售价 1 元，购买门槛再度大幅降低。当时，一名银行职员一个月的薪水约 80 元，一名英文速记员约 100 元。对这些中间阶层来说，10 元买一张奖券可能要考虑再三，但花 1 元试手气，相对就容易许多。

航券的顾客群不仅因此扩大，许多公司行号还趁机搭便车，利用航券来促销自家商品。例如《小日报》为了征求八周年纪念订户，凡联合 10 户同时订阅半年，即赠送航券 1 条；南京路大纶绸缎洋货局推出活动，凡购货满 15 元，即赠送航券 1 条。另外，上海中法储蓄会公告，该会已购买航空奖券多条，准备分赠入会新储户；九福公司在十周年出品中附有纪念赠券，凡集 6 张，即可兑换航券 1 条。总之，分条出售，使得航券成为 1 种奖品、赠品甚至礼品，为之打开诸多前所未有的用途。

航券一步步向下扩展市场的同时，上海跑马总会香宾票的市场也逐步萎缩。1934 年春赛，头奖奖金仅剩 12 万余元，与当年最高的 22.4 万元相比几近腰斩。沪上三日出刊的小报《晶报》于是发出香宾票改革的声音。据署名"鹊尾"的记者分析，如果将香宾票与航券做一比较，头奖金额的多寡还在其次，香宾票因会员制所造成的不便才是令购买者裹足不前的主因——也就是说，中奖后，香宾票必须通过马会会员兑奖，而不成文规定是，会员从中抽成 10%。1935 年春赛，香宾头奖奖金又继续下跌至 6 万多元，记者"非会员"进一步指出，下跌的原因有三："一为买票需经会员手，殊多手续；二为辗转托买，得奖后不及航空奖券之痛快；三为不能如航空奖券之分条出售，难以普遍。"

马票纠纷

上海跑马总会对这些问题并非不了解。事实上，会方坚持只有会员才能购票、兑奖，已造成许多华洋之间的票款纠纷，其中又以 1929 年顾兆麟一案最受瞩目。

该年，上海跑马总会的秋季香宾大奖为华人骑师，同时是著名外汇经纪人顾兆麟获得，他的票来自万国体育会书记谭雅声。当顾兆麟前往谭雅声处领取奖金时，谭雅声却扣下四成回佣，22.4 万元只剩下不到 14 万元。在交涉过程中，顾兆麟表示愿出二成作为佣金，但对方坚持索要四成。顾兆麟觉得要求太过，乃拒绝领取奖金。他一方面上书万国体育会与上海跑马总会请求仲裁，一方面延请律师蒋保厘协助交涉，表示必要时将循司法一途。谭雅声这边则将奖金全数退还原经手会员，领奖似乎从此无望。舆论最初站在顾兆麟这边，觉得谭雅声身为万国体育会书记，不该如此贪心，谭雅声只好出面接受英文《大陆报》（*The China Press*）采访，说明原委。

原来万国体育会与上海跑马总会有兄弟情谊，每年谭雅声均为其代售大量马票。该季，谭雅声又通过上海跑马总会会员购入 4500 张香宾票，其中 4000 张分售给万国体育会和中国赛马会的华人会员，余下 500 张由谭雅声以私人名义认购。随着赛期逼近，需求孔殷，谭雅声又以约定抽成的方式，分别以抽一成五到五成的比例一一转让，而顾兆麟这张便是所谓的"约定抽成"部分。比赛前两天，顾兆麟亲自前往要求出让，双方说好，该票谭雅声附股三成，既然中奖，谭自然有权扣下四成，其中自己三成，另一成给经手会员。

万国体育会收到顾兆麟的投诉后，随即召开董事会议讨论，最后决议此事属谭雅声个人行为，应交由双方私下解决。在双方律师往来调解后，终于在 12 月底达成协议，由蒋保厘律师代顾兆麟取回八成奖金。由于当初谭雅声在第一时间将全部奖金退还给原经手会员，显见不是为了贪图钱财，《大陆报》认为谭雅声之所作所为完全符合"绅士"的标准，发生如此不幸风波，主要还是上海跑马总会严格限制非会员购票所致。

香宾票多次转手后所有权容易模糊，转让时的层层经手费更使得奖金大幅缩水，得主很难痛快得起来。1926 年秋赛，A 字大香宾得主为四明银行行长孙衡甫之"如夫人"，该票系辗转购得，得奖后掀起很大风波。

事件经过大致如下。有一位孙长康先生在公共租界经营汇票买卖多年，为了应酬客户，每逢上海跑马厅举行春秋大赛，都会从上海跑马总会洋人处捐得香宾票多张，转售给上海银行界人士。该年，他刚好认购 50 张，其中 12429、12430 两号售予四明银行行员郑余繁。由于该行行长孙衡甫之妾欲购买香宾票，郑余繁遂将后者让出。开赛当日，摇出票号，号码恰好是热门马"灰铁克劳夫"（Wheatcroft）。此时，孙夫人或出于自愿，或在孙长康与郑余繁的怂恿下，将半张票以 3 万元的代价售予马会某洋人，以降低风险。结果"灰铁克劳夫"赢得头马，孙夫人遂得 11.2 万元（22.4 万元的一半）外加前面 3 万元的转让费，共赢 14.2 万元。要领得奖金却不易。首先，必须由洋人会员出面签字，孙夫人需付其一成签字费，即 2.2 万余元。另外，此票为郑余繁转让，得赠其 1.4 万元转手费。最后，领奖时又生波折，孙衡甫之子为庶母往来奔走，与马会要人进行辩论，所幸最后奖金并未充公，但为感谢继子之辛劳，孙夫人又赠其 2 万元。于是，号称 22.4 万元的大香宾，最后到手时实际仅得 8 万余元。

香宾票的购票手续如此繁复，兑奖过程的经手费又如此之多，难怪航券一出，香宾票的销量便节节下滑。上海跑马总会虽明知香宾票已发展成一种不折不扣的彩票，而且会员制是造成其难与航券抗衡的重要因素，但无法放弃非会员不得购票的禁令，原因是国民政府和公共租界均明令禁赌，如果失去这张"并不出售，仅给会员"的护身符，香宾票在上海及其他通商口岸都无法立足。

买十送一

会员制虽不可放弃，但销售手法可以改革。1937—1938年，上海跑马总会开始对香宾票进行一连串的改革。从1937年3月开始，模仿航券将香宾票分条出售，但与航券不同的是，每张分成11条，而非10条。每全张仍售国币10元，零售则每条1元，等同买十送一，即零售商每卖出11条，便可赚进1元，以添其销售意愿。

1938年秋天，上海跑马总会进一步放松对销售渠道的控制，除了固有的会员购票，还容许沪上彩票行、烟纸店或兑换店代为经售。一开始，工部局警务处以违反赌博禁令为由，派

图4-9　1939年11月上海跑马总会A字香宾票第一条正反面

说明：此时的香宾票文字已不再以英文为主，为了吸引华人顾客，正面英文，反面中文，两种文字呈分庭抗礼之势。马票号码为正面下方的14054，因为分条出售，所以每条仅国币1元。

资料来源：上海阳明拍卖有限公司提供。

出巡捕予以警告，但上海跑马总会辩称这些商店只是代为出让而非出售，加上沪上慈善团体纷纷施压，英国驻沪总领事亦介入调停，工部局最后只好退让，表示如果只是出让，则不在查禁之例。除了彩票行、烟纸店的销售渠道，赛季开始后，上海跑马总会还在跑马厅门外设立售票处，使有意愿者不必购买门券入场，即可购得香宾票。

　　这一连串便民的措施，加上 1937 年 11 月航券退出市场，使得原先买航券的民众又回头购买香宾票，香宾票遂逐步收复"失地"，1938 年秋赛共售出 2.4 万多张；1940 年春赛更售出 A 字 4.5 万多张、B 字 7500 张；到了 1941 年春赛，已完全恢复发行时的 5 万张，头奖奖金高达 19.6 万余元。至此，香宾票重新夺回彩票霸主的地位。

第五章　上海仕女与蒙古马

运动竞赛本是男性的天下，女性要想加入，必须长期奋斗，而且直至20世纪下半叶方有可能。赛马的情形也是如此。女性想要加入赛马界，必须面对种种的困难与限制。不说传统中国的大家闺秀被要求大门不出、二门不迈，就连19世纪的英国也只有上层女性才有机会骑马，而且有很长一段时间仅能侧骑慢走（双脚并列一侧，上盖长裙），不可奔驰跳跃，以免影响生育。所以不论中西方女性，在赛马上都同样面对了性别上的制约。

租界虽非殖民地，却提供了与殖民地相似的基础设施与管理，形成一种华洋混杂的文化与价值观。在此，中国传统士、农、工、商的阶序有机会被重新排列，原先最低阶的商人因为地位大幅提升，其女眷才有了在公开场合抛头露面的可能。至于来华的英国人，多半来自中产阶级下层，甚至劳工阶级，由于养马、骑马在英国极其昂贵，只有贵族乡绅才负担得起，所以他们根本不可能接触这项运动；但是来华后，他们的社会地位因租界的殖民性质而向上提升，出于对更高阶层生活方式的模仿，遂热衷于骑马、赛马，而且不光男人如此，其女眷或子女也因此得以享受在英国享受不到的驰骋之乐。

就是在这种特殊的环境下，中西女性得以在赛马场上相遇。她们不约而同地采取了相似的策略，就是利用租界华洋文化并置的特殊性，寻求突破困境，最终跑马场成为沪上中上层外国女性发光发热的舞台。她们不再只是观众，而是举足轻重的马主，有时甚至还是旷野上策马驰骋的骑师。每当胜出，她们的姓名、照片被刊登在中英文报纸杂志上，光明正大，没有任何顾忌。通商口岸的社会缝隙为女性提供了前所未有的机会，而她们也牢牢抓住了这一机会，从父兄、夫婿的背后走出，一举颠覆运动为男性专属领域的传统。其中若干突出的女性，甚至主动利用殖民社会最看重的赛马活动，突破个人在体能、公共空间，乃至婚姻上的束缚，进一步争取到更多对自己生活方式的掌控权。

看与被看

运动既然是男性的专属领域，女性最初只能扮演观众的角色，既不被允许上马驰骋，也不能拥有马匹。不过，她们很快就发现这样的角色其实另有优势。最初利用这种优势的是西洋淑女。原来清末租界里外国男女比例悬殊，女性作为观众的重要性无形中大幅提升。19 世纪末，沪上英文报纸《北华捷报》有关赛事的报道，首先讨论的必定是天气——原来当天是晴是雨、是冷是暖，关系到跑道的状况与马匹的表现，但更重要的是，会有多少西洋淑女前来观赛。跑马场与租界通常有段距离，加上场上风沙大，只要天气不好，下雨或太冷，淑女通常不愿大驾光临。对于租界男性来说，任何女性的出现都将被视为蓬荜生辉。

像是 1873 年 11 月，秋赛首日，天气奇特。太阳虽露脸，但寒风刺骨。看台上有阳光的那面有如夏日，没阳光的那面宛如冬日。出席的仕女自然都待在有阳光的那面。据《北华捷报》报道，淑女当天是应赛马会董事的邀请前来，并不忘添上一笔："她们的出席，使得原有的阳光更加灿烂。"又好比 1878 年 5 月上海春赛首日，天气和暖，春日宜人，女性观赛的人数居然比平常日子多十几位。

大抵每年赛事，但凡有女士大驾光临，报纸的描述不是"景色为之一亮"，就是为赛事"增添了色彩与活力"，有时更直言"女士的出现大大地带动了赛事的气氛与乐趣"。女性的出席如此珍贵，以至《北华捷报》认为，一个好的赛马日应该包括三项条件——晴朗的天气、激烈的赛事、女性的赏光，其中淑女的露面尤其重要。

女性的出席提高了骑师与马主的士气。不过，淑女甘愿冒风沙前来，自然也有一番打算。原来她们不只来"观赛"，也是来"被看"。

春秋两季赛马是外国人社群的重要大事，几乎所有沪上洋人都会现身，这对仕女们来说，不啻展现身材与品位的大好良机。为了这个难得的舞台，她们事先裁制新装、备足行头，只待天气适宜，便可大方展示。就春秋两季相较，春赛尤其是展示新装的好机会，因为可以脱下厚重的冬衣，展现剪裁合宜的春装和时尚鞋帽。女士有意识地展示色彩与美感，男士也对"所看"之物有所期待。他们期盼在春赛中看到美丽的脸庞和漂亮的洋装，在秋赛中看到亮丽的皮毛与装饰配件。1905 年 5 月上海春赛第三日，天气和暖舒适，在上、下半场之间用过午膳后，女士们穿着"极尽炫丽的春装"鱼贯走出帐篷，在马厩围场与看台间漫步，形成一幅如诗如画的景象。

赛马会为了提升赛事的"可观性"，通常会竭力邀请仕女出席，为此还费尽心思安排了一项"淑女银袋赛"（Ladies' Purse）。于是仕女除了展示时装，还有机会成为全场瞩目的焦点。淑女银袋赛的奖金募自租界仕女，多以英镑而非一般银两

图 5-1　1900 年上海赛马时仕女如云

说明：大家在比比服装、比品位，让人想起 1964 年奥黛丽·赫本（Audrey Hepburn）主演的电影《窈窕淑女》（*My Fair Lady*）。

资料来源：James Hsioung Lee, *A Half Century of Memories* (Hong Kong: South China Photo-Process Print Co., 1968), p.70.

计，获奖的是跑得头马的骑师而非马主。大会为了让女士们赞助此事，多半会找一位年轻英俊的成员，事前挨家挨户拜访租界的淑女请求资助，"琼斯夫人，不知能否请您慷慨解囊 2 英镑？"募得的金币将会被装入一个编织的钱袋，由一位女士代表颁发，金额一般为 20—40 英镑。钱袋多半造型简单，由淑女手织，但有时淑女也会发挥创意，做出意想不到的变化。例如 1878 年上海春赛的银袋便被安置在一个马衔状的底座上，以参赛马厩的颜色做成彩带装饰，外罩玻璃罩。不论造型简单还是复杂，开赛前多半会被公开展示。于是看台上除了精心设计的鲜花与盆景，还有马衔状的淑女银袋被安排在中央位置，与一旁轮船招商局捐赠的招商杯相辉映。

赛马是一项充满阳刚气的活动，而淑女银袋赛却是当中少数带有"英雄美人"气氛的赛事，观者莫不引颈期盼，想看看最后究竟"袋"落谁家。因此每当举行颁奖典礼，总有大批男性围观，并不忘欢呼起哄。1886 年 5 月，上海春赛的银袋得主是任职工部局的雷诺（S. Reynell）。他是沪上著名的骑师兼板球选手，在沪上运动界享有盛名。只见他一策马奔过终点线，观众便报以热烈欢呼，接下来从他至称重间称重一路到大看台领奖，掌声与欢呼声不绝于耳，直到淑女致辞时方歇。

淑女致辞无疑是展现个人机智与口才的好时机，有的淑女会别出心裁地附上一首小诗，有的则全程采用韵文，有的更不忘语带幽默。例如，1886年上海春赛颁奖人韩桑小姐（Miss Hanson）代表租界淑女盛赞得奖骑师的技巧与骑术之余，最后补上一句："我将不再耽搁您的时间，因为我相信您会同意，不论在家里还是在跑马场的大看台上，女士的演说都应该越短越好。"

极负盛名的淑女银袋赛在进入20世纪后由盛转衰。原来早期在沪洋人不过数千，彼此间大抵认识，举行赛马时有如大型野餐会，但自1905年起，租界人数开始逾万，加上日、俄等非欧美籍人士涌入，使得原先以英式社交为主的社会活动被大幅冲淡，而淑女银袋赛也失去原有强化社群向心力、巩固社群意识的功能。或许正因为如此，这项行之有年的比赛在进入20世纪后，便不再出现在上海跑马总会的节目单上。

淑女银袋赛在英人掌控的上海跑马总会销声匿迹，却在华人主导的万国体育会和中国赛马会上现踪。进入20世纪后，万国体育会及中国赛马会相继成立，使得华人女性终于有机会进入跑马厅观赛，一反整个19世纪下半叶只有西方女性可以入场的情况。与此同时，华人女性更借着两种方式意外成为全场瞩目的焦点：一是延续前述淑女银袋赛出任赛事颁奖人；二是在父兄或夫婿胜出后，以眷属身份一同拉马走过大看台，接受群众欢呼。

1936 年 6 月 7 日，中国赛马会常年大赛开赛，淑女银袋赛被安排在第四天压轴。当时杜月笙是中国赛马会会长，担任颁奖的华人淑女无他，正是他的第三位夫人姚玉兰。这时奖金已不再募自租界仕女，淑女也不再一针一线编织银袋，但淑女银袋赛依旧是整个常年大赛最受瞩目的焦点。姚玉兰出身梨园世家，婚前已走红多年，大江南北见过不少世面，在重要场合应付自如，又生得丰腴富态，一口清脆的京片子，正可补杜月笙一口浦东土话加不擅言辞的不足。从专事报道运动的《竞乐画报》刊出的照片可以看出，杜夫人当时身穿白色丝绸旗袍，手戴西式白长手套，耳配珍珠坠子，装扮入时，笑容满面，即使面对西洋骑师亦从容自若。

除了颁奖，女性还有一个成为场上焦点的方式，就是当另一半胜出时，与他一同或独自拉马走过大看台，享受众人祝贺的目光。这是有权势的男性给予女性的最佳礼物。前文提及的高鑫宝便是一例。他随杜月笙发迹后，改在公共租界开设丽都花园舞厅，同时加入赛马会，以"Mr. King"为马房名。每逢他的马匹夺魁，便会让宠妾"花情媚老六"以"高夫人"的身份

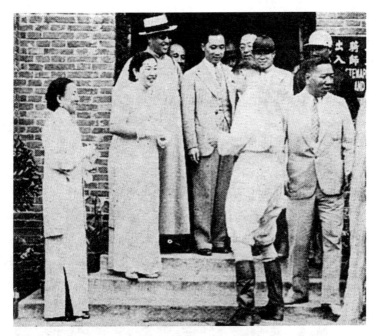

图 5-2　颁发淑女银袋奖

说明：1936 年 6 月 7 日，杜月笙夫人颁发中国赛马会"淑女银袋奖"给骑师恩加那沙，不忘温言恭贺，恩加那沙略显腼腆，周边观看的华人马主与骑师更是止不住笑容，整体气氛轻松自在。

牵马走过大看台。花情媚老六原为上海"长三、么二"堂子里的高级妓女，1930 年前后嫁高鑫宝，婚后二人感情甚笃，育有一子一女。虽说高鑫宝对她宠爱有加，但在中国社会里，除了物质生活，很难再给她更多的身份、地位了，所以高鑫宝选择在赛马场这个华洋杂处的世界里，让花情媚老六当高夫人，也是大马房"Mr. King"唯一的另一半。

图 5-3　马匹胜出后拉马走过引翔赛马场大看台

　　说明：1935 年 12 月，高鑫宝马房的马匹胜出后，花情媚老六拉马走过引翔赛马场大看台的景象，可以看出她身型娇小玲珑，装扮入时。

借着担任领奖人和拉马走过大看台，女性闯入了纯男性的世界，短暂攫取众人的目光。这些场合看似风光，但掌声与欢呼声非针对女性而来，而是背后男性的财富与权势。女性并非不想驰骋，不过要如何才能获得承认，而非只是陪衬呢？沪上一些西洋女性为了达到此一梦想，开始利用猎纸赛，逐步闯入这个属于男人的禁区。

跳浜越涧

猎纸赛（paper hunting）又名"跑纸""洒纸赛马"，是英国猎狐活动在海外的变形。英国人来华后，渴盼能模仿母国上层阶级的猎狐活动，也就是放出一大群猎犬，猎人再徒步或骑马循线追踪，最后找到狐狸甚至将之杀死的一种狩猎活动。可惜中国人口稠密，没有适合的地方猎狐。英国人遂发明一种替代方案，就是由一人拟扮成猎物，以洒纸方式留下"兽迹"，然后大队人马再蜂拥而上，在田陌、溪涧甚至坟堆里循线前进。所洒纸片不同颜色代表不同意思，譬如紫色碎纸代表需涉水而过，绿色碎纸代表可列队过桥等。洒纸人则会在终点等待，看谁先循线到达终点（并找到猎物）为胜。

这种活动在秋收后的11月至来年的3月初举行，一般在租界附近8—16公里处进行。由于范围大，每次路线不尽相同，如果没有碎纸指引，很难找到终点，加上纸片常被风吹散，线索中断，大队人马走走停停、四处寻觅，在形态上非常接近猎狐时味道被吹散、狗群来往嗅寻的情形，只是少了最后狐狸被追得精疲力竭、被猎狗四分五裂的画面。

这样的活动其实比赛马更接近英国的狩猎文化，而且不含赌博成分，因此被沪上的外国人社群视为一种"世上公认最善、最纯净的运动"，并于1863年在沪上便成立了"上海猎纸会"（Shanghai Paper Hunt Club），定期于冬日周六午后举行。

既然赛马场一时不容许女性上场，那么猎纸赛便成了西方女性突破这道限制的缺口。

最早闯入这个禁区的是赛马世家的女性。她们从小耳濡目染，见父兄冬日午后跳浜越涧，也想上场较量一番。不过猎纸赛虽非真正的猎狐，但每次出猎经常风沙满脸、衣物濡湿，还有摔落马背的危险，被认为不是淑女该做的事。再者，西方女性为保外观上的优雅，也为符合社会规范，骑马多采侧坐，双

图 5-4 1932 年冬季上海猎纸赛的场景

说明：大批人马在休耕的田野中循"纸"前进，有些人似乎有把握地朝一个方向勇往直前，有些人则下马察看路线，一旁两个乡下小孩坐在独轮车上兴致勃勃地看热闹。

资料来源：Peter Hack Historical Research。

腿再覆以厚重长裙。这种姿势仅靠左脚踏镫，马匹奔驰时，很难维持身体的稳定，更别提腾空跳跃。幸好，英国此时的一项发明带来了希望。

19 世纪下半叶，女性侧鞍中第二犄角的发明，使得侧骑的女性两腿都可以固定和着力。如此一来，不但可以稳坐马鞍，还可以着裙装跳栏而无碍，可以说既参与了激烈的马术活动，又保持了女性的优雅。英国上层女性受益于此一技术，参与猎狐活动的人越来越多，从原先仅有少数特立独行的贵族情妇，

图 5-5 19 世纪侧骑的淑女

说明：20 世纪后，女性跨骑逐渐为社会所接受，但 2022 年 9 月过世的英国女王伊丽莎白二世在代表国家阅兵时仍坚持侧骑。

到后来逐渐扩及体面的上层阶级女性。到了 20 世纪初，就连中产阶级女性也跟着加入。到了这个阶段，除优雅的侧坐骑马外，跨坐骑马也逐渐被允许和接受了。英国的情况等于为沪上女性铺平了骑马狩猎的道路，猎纸赛也就成为她们在赛马领域

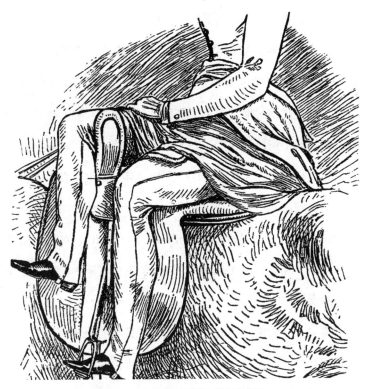

图 5-6 长裙掀开后第二犄角的样子

说明：靠着与马鞍相连的犄角设计，固定侧座者的右腿，加上左脚踏镫，骑者较易着力。

最优先证明自己体力、能力与骑术的机会了。

　　猎纸并非全年的活动，仅限冬季举行，俱乐部并无会所，也不像跑马总会对会员有严谨的审查要求，基本上只要爱好驰骋者均可加入。沪上男性在女性亲属的不断要求下，既然一时无法让她们参与赛马，便干脆在猎纸赛中安排单场淑女赛以为搪塞。每次开赛，猎纸会长都亲自安排路径，男性董事更一路策马相随，以免妻女或姊妹在途中发生意外。在这样的安排下，到了民国时期，沪上已培养出十多位擅长跳浜越涧的女性。她们既不怕风沙漫天，亦无畏溪水寒冷，练骑时被坐骑摔落受伤更是被视为常事。然而到了 1924 年，这些女性因为屡次要求男女混合赛不成，乃决心成立一个专供女性参加的"上海淑女猎纸会"（Shanghai Ladies' Paper Hunt Club），首任会长希克林夫人（Mrs. Noel Wallace Hickling）正是这样一位全心爱好运动的女性。

希克林夫人出身赛马世家，她的背景很能代表沪上第一批闯入赛马禁区的女性。她是怡和洋行大班约翰斯东的妹妹，约翰斯东是怡和洋行历任大班中骑术最好的。她的夫婿也是各项运动的佼佼者。令人惊讶的是，她与兄长、夫婿相比毫不逊色，无论是高尔夫球、草地网球，或业余话剧，均乐此不疲，但骑马是她的最爱。她擅长侧坐跳栏，是沪上著名的淑女骑师，虽有几次坠马受伤，但仍不改其衷。在她推动下，淑女猎纸会于 1924 年成立，由她担任首届会长，前后长达 6 年。

图 5-7　希克林夫人跳栏英姿

说明：若仔细观看，可看出她是在侧坐的情况下奔驰跳跃，而且身形挺直，非常不易，所以上海赛马界对她极为推崇，认为她是真正的淑女骑师。

资料来源：徐家汇藏书楼藏。

　　希克林夫人不单活跃于运动界，还是上海社交界的知名人物。她与夫婿盛夏在威海卫避暑、钓鲈鱼，冬日并辔奔驰上海近郊，可谓神仙眷侣。但其风光的生活 1936 年戛然而止。该年年底，时任众业公所（Shanghai Stock Exchange）主席的希克林先生突感不适，病情随即急转直下，次年元月便病逝上海。丧礼结束后不到两个月，希克林夫人黯然返英。淑女猎纸会改由本节第二位女主角可子小姐（Miss Grace Mary Coutts）接手。

殖民社会的女性一旦丧夫，没有子女，迟则一年，短则数月就必须返回母国。若有子女，子女年幼，再嫁就成了唯一的选择。可子小姐的外婆伊丽莎白与母亲佛罗伦萨都是这样的例子。

伊丽莎白闺名格兰姆斯小姐（Miss Elizabeth Grimes），1877年2月从英国千里迢迢来到上海，嫁给大英自来火房（Shanghai Gas Company）的罗杰森（J. M. Rogerson），二人同为曼彻斯特人，婚后连续诞下两女。罗杰森平日工作顺利，从职员升至副工程师，积极参与租界的社团活动。然而平顺的生活维持不到8年，1885年底罗杰森突然去世，得年46岁。4年后，罗杰森夫人带着两个年幼的女儿嫁给了美国人恩迪科特（R. R. Endicott）。

恩迪科特34岁，比新夫人还年轻两岁，不过在男多女少的殖民社会，这对双方都是最好的婚配方式，婚后两人生下一女。恩迪科特先是任职于老沙逊洋行，后转任股票经纪人，是上海众业公所的创始会员之一，1917年去世，享年62岁。恩迪科特夫人1922年撒手人寰，享年70岁。她的三个女儿长大后，分别嫁给殖民社会有头有脸的人物：长女佛罗伦萨先嫁股票经纪人欧文（P. W. Irvine），后嫁外汇经纪商可子（George Deacon Coutts）；次女嫁给天祥洋行经理麦道南（Roderick George Macdonald）；幺女嫁给美国领事卫家立（Charles Louis Loos Williams）。借着联姻，恩迪科特夫人成功地在上海建立起一个繁盛的家族，从殖民社会的中下层攀升至上层。她总共在沪45年，广受喜爱，朋友众多。1922年过世时，《北华捷报》称她为"一位非常年长且广受尊敬的上海居民"。

可子小姐的母亲便是恩迪科特夫人的长女佛罗伦萨，闺名罗杰森小姐（Miss Florence Evelyn Rogerson），1878年出生，21岁嫁给美国人欧文为妻，婚后育有一女。欧文在上海开设宝源洋行，专营股票经纪与佣金代理业务，本来甚为成功，但1907年开始卷入债务纠纷，1908年匆匆离沪，从此不见人影。佛罗伦萨只好带着女儿改嫁可子，并将女儿姓氏一并更改。婚后第二年，佛罗伦萨便诞下一子，年纪已37岁的可子的欣喜可见一斑。第二段婚姻虽然美满，但比起第一段来更为短促，仅有8年光景，到了1917年底，佛罗伦萨以可子夫人的身份逝于上海，年仅40岁。

可子小姐为可子的继女，自幼活泼好动，闺名虽是秀气的葛丽丝·玛丽（Grace Mary），却有个男孩子的绰号比利，而整个沪上的外国人社群也以"比利·可子小姐"（Miss Billie Coutts）称之。可子家族来自苏格兰，是沪上有名的赛马世家，可子的父亲库茨（George Watson Coutts），是1870年代沪上重要的马主。可子子承父业，马房名为"费尔南多先生"（Mr. Fernando），其黑上衣配苏格兰格子肩带的服装造型，是赛马场上著名的标记。

可子小姐随母改嫁时年仅9岁，在这样浓郁的赛马环境下长大，18岁便成为淑女猎纸赛的健将，此外草地网球、高尔夫球、马球等只要女性容许参与的运动，基本上都有她的身影。为了精进骑术，她经常与麦边家族的薇拉·麦边小姐（Miss Vera McBain）等一班"狂热"分子远赴江湾跑马场练习大跳栏，被认为是女性当中少数能与男性在骑术上相提并论者。

男性同侪对她能力的肯定，可由两件事看出。第一，淑女猎纸会成立初期，每逢办赛，多由男性猎纸会成员协助安排路径，但是1926年春季第三场比赛委由可子小姐一人决定，这是该会首次由女性骑师全权决定路线，由此可见男性会员对她的信心。第二，1922—1923年，沪上著名马主都易（Raymond Elias Toeg）之子小都易（Edmund Toeg）与丹麦美术家美特生

合作，一同素描沪上著名的马主与骑师，在一片以男性为主的
素描漫画中，却有三位难得的女性面孔，其中一位正是可子小
姐，另两位是前述的希克林夫人与下节将会提到的惠廉麦边夫
人（Mrs. W. R. McBain）。画册中，大部分人物是静态的、放松
的，唯有可子小姐是动态的，出自小都易之手。小都易选择可
子小姐跳浜时的神情来描绘，并以略带玩笑的笔触，将她在马
上的坚定与专注刻画得惟妙惟肖（图5-8）。

图5-8　小都易笔下的可子小姐

资料来源：徐家汇藏书楼藏。

如果说猎纸赛是海外英国人对母国猎狐活动的一种模仿，那么到了20世纪初，上海殖民社会的女性已借由此项活动，成功踏入了赛马这项男性专属的领域。虽然人数有限、虽然战战兢兢，但她们步伐坚定，而且下一个目标就是加入赛马会，成为真正的马主。

女性马主

对于女性的意图闯入，上海赛马界一开始采取搪塞拖延的策略，但到了1920年也不得不做出让步。这与母国的现实发展不无关系。进入20世纪，英国开始出现独立的女性马主，她们主要是皇室贵族的上层女性。于是较为开明的万国体育会以此为由，在华人会员的提议下，率先于1920年1月通过邀请女性成为会员。作为赛马界龙头的上海跑马总会也不得不于3月通过类似条例，让女性可以通过夫婿或父兄申请成为附属会员。虽然只是有限度的开放，但租界女性从此有机会可以从一旁鼓掌的观众，一跃成为被鼓掌欢呼的对象。

万国体育会率先撤除藩篱，最初受邀的自然是男性会员的眷属。她们受夫婿影响，对养马、赛马并不陌生，如今有机会成为会员，甚至建立自己的马房，在场上与男性一较长短，当真是令人雀跃无比。女性马主于焉诞生。首位华人女性马主是万国体育会创办人叶子衡的夫人。

叶夫人本姓张，关于其婚前情形，相关资料有限，仅知她是叶子衡继室，在她之前叶子衡已有两位夫人。叶子衡的原配是鄞县秦氏，秦氏后来不幸病故，他续娶镇海城区的施氏为妻。据说施氏生得容貌姣好，是叶家女性中最漂亮的一位，但一次夫妻间戏言，施氏"言语不慎，辱及婆母"，引起丈夫厌恶，二人从此反目。叶子衡后纳张氏为侧室，不久生子谋倬，因为是叶子衡的独生子，母以子贵，遂被扶正为妻，叶子衡行四，小报又称她为"叶四太太"。从另一资料得知，叶夫人长于苏州，可能出身贫困读书人家庭，未嫁前即以美貌著称，故得以嫁入叶家。她在叶家地位稳固后，不忘照顾亲人，将寡姐及其二子二女接来同住。

叶夫人成为马主时可能30岁出头，马厩即称作"叶夫人马房"。她的马匹命名颇有个人色彩，多以"钻石"（Diamond）结尾，前面再冠以颜色，当时音译为"大梦"，如白罗大梦（Blue Diamond）、格林大梦（Green Diamond）、挪白而大梦

（Noble Diamond）、白浪大梦（Brown Diamond）等。1926 年中国赛马会成立，以高额奖金创办金尊赛，叶夫人旋即于次年以"惠特大梦色根"（White Diamond Ⅱ）拔得第二届金尊赛的头筹，骑师是西洋老将海马惟去（Victor Milton Haimovitch）。再下年第三届金尊赛，叶夫人继以名驹"印地昆"（Indian Corn）上场，骑师为华人老将李大星，不幸败北，仅得第三，饮恨未能夺得金尊奖杯。

如果叶夫人代表的是第一批女性华人马主，那么第一位西洋女性马主便是海因姆夫人（Mrs. Ellis Hayim）。海因姆夫人闺名弗洛拉·伊莱亚斯（Flora Elias），又名咪咪（Mimi），是上海犹太家族伊莱亚斯家的长女。沪上巴格达犹太家族多借联姻建立起复杂绵密的人脉网，咪咪的婚姻便是如此。她于 1918 年嫁给沪上另一犹太家族海因姆家的儿子埃利斯（Ellis Hayim）。埃利斯生于巴格达，先后在孟买与伦敦受教育，1911 年至上海定居，他的母亲是沙逊家的小姐，而沙逊家也是沪上数一数二的犹太家族。

埃利斯娶了咪咪之后，海因姆家更与伊莱亚斯家达成联姻。拜家族人脉与自身能力之赐，埃利斯 1924 年时已是利安洋行的合伙人，不仅经营证券、股票、汇票等业务，还资助许多推动上海发展的重要计划，被称作"远东最显赫的股票经纪公司与财政代理人"。咪咪娘家的兄弟均热衷赛马，丈夫亦热爱骑术，咪咪本人虽不好骑，但1920年2月上海跑马总会甫通过接受女性为会员，她便立刻加入，并于当年春赛第二日以黑马"康米定金"（Comedy King）赢得专为新马举办的上海德比大赛。当身材高大的咪咪虎虎生风地拉马走过大看台，马上骑师乃至两旁鼓掌的马主都意识到这是历史性的一刻。

图 5-9　1920 年 2 月海因姆夫人赢得德比大赛

说明：图为海因姆夫人赢得大赛后众人夹道鼓掌的景象。

资料来源：Oxford University Press (China) Ltd 1994。

另外，惠廉·麦边夫人是另一位积极参与的女性。她出身沪上著名的麦边家族，该家族的起伏见证了租界社会早期女性奋斗的历程。

惠廉·麦边夫人的公公老麦边（George McBain）1870年代来华，靠着经营长江轮船航运起家，1890年代因投资苏门答腊北部的烟草种植，进而参与当地火油的开采。老麦边在1890年代就已是上海重要的商人，曾多次当选法租界公董局董事，在外国人社群深受敬重。1904年，老麦边因支气管炎的并发症意外过世，年仅57岁。老麦边为家族事业打下根基，守成并发扬光大的却是夫人西西尔（Mrs. Cecile Marie McBain）。

如同当时大多数来华的外国人，老麦边早年用心事业，直到年近40才步入婚姻，而新娘西西尔年仅17岁。关于其夫人的来历，说法不一，有的说是船家女儿，有的说是流落宁波街头的孤儿。不论如何，应是欧亚混血无疑，其后人也说她是奥地利人与华人的混血。年轻的西西尔嫁给老麦边一年后，长女出生，接着几乎隔一年生一个小孩，直到1904年老麦边去世，已有五子四女。儿女虽成群，但不是十余岁少年，就是尚属稚龄的幼童，无法担负起老麦边在公司的职务。麦边夫人为了维护家族事业，做了一个不寻常的决定。1906年，她决定下嫁与其夫友善且熟悉公司业务的弗里曼（R. S. Freeman），后者同意冠上麦边姓氏，将名字更改为马克拜（R. S. Freeman McBain，或称 R. S. F. McBain），成为麦边洋行的主人。在这样的安排下，麦边夫人成功地保全了家族的利益，并与具有骑士精神的马克拜联手，持续扩张事业版图。

从 1906 年起，二人联手主掌家族事业近 20 年，其间除长江轮运及苏门答腊煤油业蒸蒸日上外，并进一步跨足其他行业。1904 年，麦边夫人率先在公共租界西面的静安寺路、戈登路、爱文义路之间建起一座面积达 60 亩的麦边花园。1913 年，她又在外滩一号建了楼高七层的麦边大楼。麦边夫人醉心于沪上地产投资时，马克拜则涉足华北煤矿业。1918 年，马克拜以麦边洋行主人的身份发起开办上海兴利垦殖公司（Shanghai Exploration & Development Co., Ltd.），投资经营华北门头沟的煤矿。同年，他又与祥茂洋行主人伯基尔（Albert William Burkill）及汇通洋行董事惠而司（Arthur Joseph Welch）等人共同发起开办上海银公司（Shanghai Loan & Investment Co., Ltd.），经营放款融资业务。麦边夫人 1924 年过世时，已与马克拜共同为其五子四女建立起一个横跨航运、矿产、金融及房地产开发的商业王国。

老麦边与马克拜身为沪上重要洋行的行东，二人均拥有马房，麦边家的女眷耳濡目染，亦不让须眉。次女薇拉和三女黛西皆善骑，尤其活跃于猎纸赛中。薇拉1918年便跻身淑女猎纸赛健将，为了精进骑术，经常与前述的可子小姐远赴江湾练习大跳浜，同为沪上第一批热衷马术的女性。妹妹黛西年纪较轻，1926年才开始参加猎纸赛，但擅长侧骑，跳浜越涧毫不退缩。薇拉与黛西的小弟小麦边（Edward Basil McBain）亦是沪上著名骑师，20岁开始便为自家及他人马房出赛。

第三位积极参与的女性马主惠·廉麦边夫人是老麦边次子惠廉（William R.B. McBain）的妻子。惠廉麦边夫人原本在伦敦担任演员，欧战末期与当时在欧洲参战的惠廉相识、结婚。战争结束后，她随夫返回上海，恰逢万国体育会及上海跑马总会相继对女性开放，于是成为沪上第一批独立的女性马主，马房名为"惠廉·麦边夫人"（Mrs. William McBain）。1920年，她的马便一鸣惊人，在江湾德比大赛中夺魁。1923年，她与前述赛马世家的可子小姐结为闺密，进而共组"我们俩"（We Two）马房。该马房纵横上海、江湾、引翔等跑马场，成绩傲人，以赛马界最高荣誉的大香宾赛为例，截至1933年，共囊括一个上海跑马厅冠军、一个引翔跑马厅季军、两个上海跑马厅殿军，

图 5-10 丹麦美术家美特生笔下的惠廉·麦边夫人（1923）

说明：当时她刚从伦敦来沪不久，穿着入时，娇美动人，背景中马匹的阳刚奔驰，恰与其女性柔美形成对比。

资料来源：徐家汇藏书楼藏。

是沪上最受瞩目的马房之一。

惠廉·麦边夫人不但是马主，也是一位出色的女主人及沪上时尚穿搭的引领者。早在 1923 年丹麦美术家美特生为其素描时，便将其描绘成一位穿着时尚的少妇，略带娇羞，是赛马场一片阳刚气中少数的柔美。沪上著名马主老沙逊（David Elias Sassoon）终身未娶，1930 年代无论是春、秋大赛开赛前举办餐会，或胜出需要女伴一同拉马走过大看台时，都邀惠廉麦边夫人同行。惠廉·麦边夫人在这些场合也每每装扮入时、周旋合宜，以至《北华捷报》妇女专栏"茶余漫谈"（Over the Tea Cup）称赞她与时已改称"小立达尔夫人"的可子小姐，同为女性结合赛马知识与服装品位的最佳例证。

小立达尔夫人

赛马界的大门既开，猎纸赛健将可子小姐自然顺理成章、毫不犹豫地加入。她的马房先以"可子小姐"为名，到了 1923 年又与柔美的惠廉·麦边夫人共组"我们俩"马房，纵横上海、江湾、引翔等马场。1927 年，可子小姐下嫁平和洋行的小立达尔（John Hellyer Liddell），马房更名为"小立达尔夫人"。

进入 1930 年代，小立达尔夫人在赛马界的地位变得越发重要。一来，她的夫家与娘家都是沪上重要赛马世家，她本人又继希克林夫人出任淑女猎纸会会长；二来，也是最重要的，就是她与其他赛马界的女性不同，她不仅是马主，还亲自参与训练。据说，她每天早上至少骑练 5 匹马，尽管年轻，却被视为赛马界的老手。1933 年 11 月 7 日，上海秋赛第三天举行香宾大赛，会员看台上有三位重量级人物并肩而立，一面观赛一面品评赛况，一位是跑马总会总董伯基尔，一位是董事兼执事雷莫相（William Rowland Lemarchand），还有一位身穿皮裘的年轻女性，别无他人，正是小立达尔夫人——《北华捷报》称他们为"赛马界三位最著名的人物"。

赛马对小立达尔夫人来说意义非凡，它既是爱好，又是生活的意义与价值，其重要性似乎更胜婚姻。1937 年 2 月，与她极为亲近的弟弟小可子（George Rogerson Coutts）逝于上海，她顿失依靠。两年后，由于她长期忽略家庭，终于导致她与小立达尔的婚姻破裂。1939 年 4 月男方以遗弃为由，向英国在华最高法院诉请离婚，该年 12 月获准。但这一连串的打击对她来说似乎都不重要，她将全部的精神投注在赛马与猎纸上。事实上，1937—1940年，正是她个人赛马生涯的高峰。1937年12月，在上海跑马总会的圣诞节大赛上，"小立达尔夫人"马房同时囊括第五场的冠军与亚军，创下赛会纪录；1939年5月上海春赛，她的马房再以"雨水"（Rain）击败强敌，勇夺香宾大赛；同年11月，她与惠廉·麦边夫人共有的"我们俩"马房又以良驹"嘉年华"（Carnival）赢得上海跑马厅的"爱尔文跳栏赛"，最后二人双双拉马走过大看台。

图5-11　良驹"嘉年华"胜出后惠廉·麦边夫人（右）与小立达尔夫人（左）拉马走过大看台

小立达尔夫人在赛马场上春风得意，在猎纸赛的成绩也令人称羡。她先于1939年12月的男女混合赛中，凭爱驹"慢慢来"（Going Slow）击败众男性好手夺下冠军；次年2月，又在猎纸会的年度大赛上，以同匹骏马赢得赛事最高荣誉挑战杯，再次证明她在赛马场上的实力。这些比赛均由上海猎纸会会长亲自安排主持，而时任猎纸会会长之人无他，正是甫与她离婚的小立达尔先生。在历经离婚官司的痛苦煎熬后，二人却若无其事地并辔共骑；令人惊讶的是，赛马界对此事也保持低调，对她不爱婚姻爱骏马的行为不以为忤，充分展现殖民社会上层对其内部成员惊人的包容力。

小立达尔夫人对赛马的热情超乎一切。在沪时期，小立达尔夫人已是赛马界举足轻重的人物。二战结束后，她更转往香港，成为传奇。据说她每天早上8点准时到快活谷练马，风雨无阻，从马夫到马主对她无人不知无人不晓。她55岁时还曾在晨练的时候从狂奔的马上摔下，断了三根肋骨。

战后由于蒙古马获取不易，香港赛马会已全面改用澳洲马。所以此时，小立达尔夫人训练的马匹已从小马转成大马，但对她而言似乎不成问题。

图 5-12　小立达尔夫人在快活谷晨练（1967）

说明：当时她已 67 岁，却仍乐此不疲。在接受采访时，她说："虽然我这匹老马已经不复当年，但我还是有几招可以教教那些年轻人。"

资料来源：State Library Victoria。

　　小立达尔夫人在港时期，其马房的马匹数量虽然不多，一般仅一两匹，但她浸淫赛马世界逾半个世纪，善于识马、练马，所以屡屡胜出。《南华早报》称她为快活谷的同义词，认为赛马场上若没有她，便不完整。小立达尔夫人对赛马的热情一直持续到生命的最后一刻。1974 年 12 月 7 日，她逝于香港，享年 73 岁。过世当天，还以胜出马主的身份牵马走过大看台。她过世后，香港赛马会为她举行盛大丧礼，赛马会董事为她护柩，马夫、马主、骑师都出席。赛马会总董致辞时，称小立达尔夫人为快活谷的"老大姐"（Grand Old Lady），不屈不挠的她有如一匹真正的"英国纯种马"（thorough bred）。

第六章

从跑马厅到人民广场

　　英式赛马在中国蓬勃发展，靠的是英帝国在全球的权势，以及租界的特殊环境，然而日本霸权的兴起，以及中日战争的全面爆发，使得这两个基础开始出现动摇，最终全然崩溃瓦解。1937 年 7 月 7 日，卢沟桥事变发生，日本侵华战争全面爆发，北平、天津陆续落入日军之手。华北战事尚在进行，8 月 13 日日军更在华东开辟新战场，从吴淞口进攻闸北。中国军队为了保卫上海，在装备悬殊的情况下，与日军激战整整三个月，是为史上有名的淞沪会战。江湾跑马场位于交战区域，场方在日军炮火的轰击下，不得不将马匹及人员紧急撤往租界内的上海跑马厅安置。至于引翔跑马场，则早在数月前即宣告停业，此时更被日军直接占领，充作军营及弹药库。

　　淞沪会战后，中国军队退守内地，日军实质上控制了上海及其周边地区。它本可顺势进入租界，只因与西方列强仍有外交关系，故迟迟未对租界动手。在接下来的四年里，租界有如孤岛，成为沦陷区中的特殊地带。直到 1941 年 12 月 8 日日军偷袭珍珠港，太平洋战争爆发，已无顾忌的日军终于进入租界。拿下租界后，日军首先要面对的是如何处理帝国主义遗绪的问题，租界的两大管理机构公共租界工部局与法租界公董局首当其冲。最后，日方逐步以日人董事取代英法董事、用日人

干部取代英法干部，完成对这两个机构的改造。如果说日军是
以一种谨慎但明确的方式来对付工部局与公董局，那么它也是
用相似的手法来处理上海跑马厅。

上海竞马俱乐部

太平洋战争爆发次日，日军便接收了跑马厅，但没有下令
停赛，反而给予上海跑马总会特许，让它继续比赛。1942 年 1
月为期 4 天的新年大赛如期举行，接着 5 月，连续 5 天的春季
大赛也举行了。正当上海跑马总会以为一切如常时，日军悄悄
展开了对跑马厅的改造。

日本人在接手跑马厅后不到三个月，打开了中心球场的大
门，让华人入内比赛和观赛。华人参加的第一场比赛是 3 月 31
日的全沪公开长跑及自由车竞赛，中华健儿与日侨、法侨同场
竞技，比赛当天不售门票，欢迎参观。当天人山人海，气氛极
为热烈。

长跑和自由车竞赛成功后，日军又通过沪上中英文报纸宣
布，该年夏天跑马厅运动场照例开放，华洋球队有意借用，欢

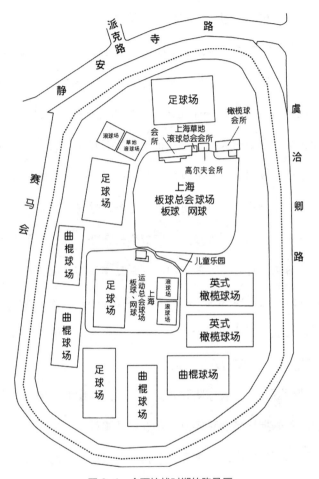

图 6-1　全面抗战时期的跑马厅

　　说明：经过洋人七十余年的苦心经营，到了对日抗战时，跑马厅的中心地带已发展成球类运动的天堂，视野开阔，绿草如茵。如以俱乐部区分，大致可分为南、北两块草皮，分属上海运动总会（Shanghai Recreation Club）及上海板球总会（Shanghai Cricket Club）。两个总会以外的区域，会依季节整理成不同球场，如棒球、马球、足球等场地。上图即为 1940 年的冬季规划，共有 4 个足球场、4 个曲棍球场及 2 个英式橄榄球场。

　　资料来源：郑硕 / 绘制。

迎事先提出申请。过去，工部局每年都会发出类似告示，但多半针对租界的外国团体，现在对华人的运动社团发出了邀请。

跑马厅的中心地带建有各式的球场，种类颇多，不过对华人来说最有吸引力的还是足球场。原来足球在上海风行一时，每逢比赛都会吸引大批观众。租界内就有好几座足球场，像是逸园球场、胶州公园、虹口公园等，但就数跑马厅的足球场最佳，地形方正不说，草皮更是漂亮整齐，过去举行联赛都是西洋球队才可使用，华人球队一向被排拒在外。现在日军出于拉拢目的对华人打开了方便之门。等到夏季来临，比赛开打，华人联合队对上西洋混合队，双方阵容都是一时之选，观众慕名前来，人数竟高达四万余人，一时盛况空前，可说大家既为了看球赛，也为了体验跑马厅的环境而来。

禁例既开，华人球队开始大量使用跑马厅的球场，华人观众也经常蜂拥捧场。只要愿意花五块钱买门票，任何人都可以进入跑马厅的中心地带观赛。过去华人难以企及的地方，如今变得轻而易举。

日军除了借开放球场来扫除西方的殖民遗绪，也对跑马厅的产权悄悄地进行了转移。早在全面侵华战争初期，日方便在上海成立了一家地产公司，名曰"上海恒产株式会社"，专门收购大型房产与地产，其中最大的手笔便是收购惨遭战火蹂躏的江湾跑马场。现在日军既然接收了上海跑马厅，便将该厅产权一并转入其手，由它来管理上海跑马厅的土地、建物、财产等一切事宜。

掌握了上海跑马厅的地产后，日方开始清除厅内的英、美人员。1942 年 10 月，日本人颁布新条例，禁止英、美等敌国在沪侨民进入娱乐场所，包括跑马厅运动场和跑马总会；次日更进一步宣布暂停赛马，以便对赛马会及骑师进行改组。

1943 年 2 月，上海跑马厅重新开张。经过近 5 个月的整理，上海跑马总会改组成由日军管理的"上海竞马俱乐部"，管理人仍是上海恒产株式会社，原先的英、美马主与骑师则被先后送进了拘留营，马匹也被拍卖，取而代之的是中、日马主与骑师。这是中国人第一次以马主或骑师身份进入上海跑马厅和使用会员看台。对于华人马主来说，多年的努力争取，如今终于获得成功，只可惜借助的是日方之手，让人不无感慨。

将西方的痕迹清除殆尽后，日方接着将各地的租界交给汪伪政权。日人首先交还苏州、杭州、天津等地的日本租界，1943 年 8 月 1 日又将整个上海公共租界交给汪伪政权。于是这个在华开辟最早、存在最久、管理机构最庞大，发展也最充分的租界，自此从历史上消失。至于上海法租界，早在一个月前，便已由汪伪政权从维希法国手中收回。

公共租界既然已不复存在，原先独立于中国管辖之外的上海跑马厅自然也该归还。当年12月，日军将跑马厅建筑物移交给汪伪政权，双方议定成立"上海体育会"，负责管理跑马厅一切事宜。"上海体育会"由过去对赛马素有经验的华人和日人组成，董事成员包括周文瑞、山口义治、林振彬、罗忠诒、增子大太郎、大冢常吉、萧智吉、童振远、吴麟坤等。在这些人的经营之下，赛马完全依照英国人立下的规矩，仍然依时、依地照常举行，仿佛战争没有发生一样。这种情况一直持续到战争结束。上海最后一次赛马应是1945年7月28日。上海体育会则是在日本战败确定后，才宣布解散。

恢复赛马？

抗战全面爆发前，上海跑马厅归租界当局管辖，华人无权过问，整个跑马厅维持一种可望而不可即的精英式气氛，一般人对它讳莫如深，就算报章杂志上常有跑马的报道，也大多着重于比赛的结果和大香宾奖花落谁家，鲜有其他的讨论。这种情形在抗战胜利后有了全盘性的翻转。战后租界被中国收回，上海人突然发现自己有了发言权，不少议员或关心上海发展的人，对于胜利后该如何重建远东第一大商埠，更是抱有一定的理想与使命感，于是报章杂志上开始出现大量有关恢复赛马，还是维持马禁的讨论；另一方面，跑马厅收回后是该改建成公园、广场、体育馆，还是市政厅？

这些讨论的背后其实有现实层面的考虑。赛马停止后，跑道鲜有人问津，中央球场因战后洋人社群四散零落，也盛况不再，因此大部分区域处于闲置荒废的状态，形成闹市一片空地，徒长青草的奇特现象。这对房荒日益严重的上海来说尤其碍眼，于是舆论很快把矛头对准了此事。一般来说，不论主张改建成平民住宅还是公园，都认为比闲置要好。

战后上海市政府财政困窘，不无希望借赛马增加财政收入。过去引翔、江湾赛马场一向是市政府重要的收入来源，其中江湾赛马场缴交的赛马税更几乎占了市政府收入的一半。此时引翔赛马场毁于战火，江湾赛马场也因战时卖给日商恒产株式会社被作为敌产收归国有，昔日收入最丰却一直苦无机会干预的上海跑马厅遂成为市政府关注的对象。

图 6-2　上海跑马厅

说明：本画是著名画家马白水 1948 年访沪时所绘，中景一大片绿色草地与周遭房屋的鳞次栉比相对比，恰可看出这种闹市中间大片空地的突兀景象。

资料来源：马永乐先生授权使用。

1946 年 8 月中旬，上海市市长吴国桢命财政、工务两局研讨恢复赛马的可能性。两局秉承市长之意，想出一个两全其美的方案。一方面，借着征收高额赛马税寓禁于征；另一方面，以分期付款的方式购回土地。也就是说，既开放赛马，又收回地权。财政局局长随即与上海跑马总会举行了非正式的会谈。结果上海跑马总会表示愿以门票收入的 50% 缴交税款；如有盈余，也愿以盈余的半数充作慈善津贴，交由市长支配。

跑马总会慷然允诺缴纳如此高额的税款，可见其恢复赛马之心殷切。战后跑马厅除部分土地租给美军外，再无其他收入，但近百名马夫及 90 余位职工因物价飞涨先后要求调薪，已让董事会疲于应付。为了增加收入，恢复赛马似乎成了唯一可行的办法。

至于愿以盈余充作慈善津贴交由市长支配，显示上海跑马总会对吴国桢的信任。吴国桢被认为是国民党中少数未沾染腐败气息的官员。他的留美背景、流利英语，以及对英、美洋行战后复业的不吝协助，都让洋人对他寄予厚望。现在公共租界既已消失，上海跑马总会便希望借缴纳赛马税及慈善捐款跨出良好的第一步，与上海市政府建立起一种与昔日工部局类似的相互尊重关系。

1946 年 9 月 5 日，吴国桢向上海首届市参议会送交了提案，提议恢复赛马。提案中，他表示此举是为了筹措财源，也为将来购回跑马厅预做准备。他说，跑马厅以 500 亩大庄园雄踞市中心，行人车辆往来皆须绕路，对市民造成极大的不便，市政府早有计划，要在中央开辟一条道路，以改善交通，只是地价昂贵，财政困窘，一时难以实现；现在市政府与上海跑马总会协商，打算暂时恢复赛马，所征税款，一可用来补助慈善事业，二可作为将来收购跑马厅的基金。

在正式提案前，市政府与上海跑马总会分别向报界放出消息，反复论述赛马并非赌博。市政府强调，沪上炒卖黄金、美元、证券之风猖獗，相较之下，赛马的投机性不高，反倒更接近正当娱乐。上海跑马总会主席樊克令（Cornell Sydney Franklin）也阐明，该会不是公司，没有股东，没有分红，每年收入除了必要开支，都用来接济租界慈善组织。总之一致认为众人下注只是为了好玩，为了增加赛马的刺激感，不是真正的赌博。

虽然高层不断释放恢复赛马的消息，但市长提案的消息一出，外界一片哗然。《文汇报》刊文指出，跑马厅是"帝国主义权威的象征，是上海市民百年眼泪的结晶"，现在租界归还了，日本人也被打跑了，正要重建一个新的上海，要是把赛马也恢复了，等于把战前的一切完全"复原"，请市长不要一心只在财政，而伤透市民的心。

《新民报》更是讥讽樊克令"利诱市府"。它说，樊克令应该是对心理学素有研究，所以要求恢复赛马的种种理由中，有一项"市府可因此增加收入"，最是打动市长的心。樊克令是美国人，战后美国在华势力骤增，该报接着对他的美籍身份讽刺道："其实樊克令又何必大言炎炎地举什么理由，凭 USA 这三个洋文缩写字便足以解决一切。"

舆论反对跑马不难理解。对西方侨民来说，跑马糅合了运动与休闲，对广大的华人来说，却直指赌马及其衍生的金钱利益纷争。年年大香宾奖花落谁家的景象历历在目。1920 年，阎瑞生因买马票失利转而勒毙"花国总理"王莲英的图财害命案更是记忆犹新。战后有识之士力图净化人心尚且不及，又如何能将赛马与赌博一分为二，容许重开马禁？

同样的态度也反映在首届上海市参议会的辩论上。现在抗战终于胜利，租界也随历史消失，上海人总算可以管理自己的城市了。首次普选的民意代表共 181 人，其中包括重量级的沪上绅商王正廷、王晓籁，青帮大佬杜月笙、顾竹轩，正派商人永安公司总经理郭琳爽、申新纺织总公司总经理荣鸿元等人，可以说卧虎藏龙。这些人战前即为上海名人，如今当选后更是政治经济势力的延续。加上为数众多、战后崭露头角的专业人士，如律师、会计师、医师、记者、教育行政人员等，和一批为数不少的国民党少壮派干部，自然个个摩拳擦掌，准备在参议会中大显身手。

首届市参议会于 1946 年 9 月 9 日假逸园召开，在长达两周的会期中，赛马一直是众人讨论的焦点。议员的态度大抵分为三派：反对、赞成和折中。反对者认为，跑马助长赌博风气，要是跑马能恢复，其他赌博亦将随之风行；折中者认为，赛马早已见诸欧美各国，不能以赌博一概论之，应视为一项运动，不过举行地点应在郊外，时间应在假日。相较之下，只有少数有力人士如议员杜月笙、副议长徐寄顾等人，毫无保留地支持重开马禁。为了抵制，反对派议员纷纷提案，要求市长交涉将跑马厅收回或出资购入；至于收回后的用途，则有兴建公园、博物馆、美术馆、市政府、市参议会、市民俱乐部、公共体育场、大会堂、文化城等，不一而足。

到了最后一天大会讨论，参议员个个争相发言，国民党少壮派干部吕恩潭一口咬定跑马卖彩票"绝对"是赌博，而赌博是不道德的事，要是市中心区不能跑马，郊区同样不能有。华美晚报社社长张志韩却独排众议，称赛马税可以挹注市政府经费，能不在市区举行固然好，必要时在跑马厅原址进行亦无不可；又说如果买马票是赌博，那么之前的航券岂不同样有争议？

议员的发言此起彼落，众说纷纭，最后勉强以表决方式通过两项原则：第一，赛马附售彩票是否赌博，请中央解释；第

二，请市政府进行交涉，收回跑马厅，将交涉经过情形报告给
下届大会。

交涉购回？

　　吴国桢原本的计划是充实财政，如今却完全颠倒了过来。
更糟的是，敦请行政院解释赛马是否为赌博的公文于次年春得
到回复，结果却不利赛马的进行。行政院答复：经司法院解
释，赛马本属体育竞赛，但因它同时发行彩票，凡彩票非经政
府允许而发行者，应涉及刑法第 269 条第一项之赌博罪。

　　在此期间，各界对于恢复跑马一事的关心不减，除报章杂
志经常有讨论外，远在纽约联合国的中国代表团团长何应钦也
来信主张，应将跑马厅改建为公园。此外，湖北省参议会议长
亦来函询问上海态度，以为武汉是否恢复跑马的依据。1947 年
5 月底，上海市参议会召开第三次大会，决议请市长继续交涉
收回跑马厅。在各方关切下，市政府不得不于下半年开始与上
海跑马总会展开收回的交涉。

　　上海市政府公用局秘书乔增祥奉命拟订一项交换计划，主

张以换地的方式收回跑马厅，之后再经由招商兴建公园、大厦、住屋。至于交换的地点，经各局研议后，认为江湾跑马场最为适宜。只是该地被视作敌产，已收归国有，必须由市政府呈请行政院转令中央信托局敌伪产业清理处加以保留拨用。

上海市政府还在研议当中，上海跑马总会却已来函询问。原来市政府虽然态度未明，上海跑马总会的处境却日益艰难。1947年，跑马厅可谓屋漏偏逢连夜雨，除了恢复赛马迟迟不见进展，前年年底将南京西路外沿一带租给广告公司搭设广告牌的计划，也因公用局不肯发照而付诸流水。更糟的是，租给美军的土地系以美元计价、国币支付，但法定汇率不切实际，连带跑马厅仅有的收入也跟着缩水。另外，跑马厅的马夫、职工再度要求调涨工资，劳资双方持续对立，无法达成共识。也就是说，跑马厅空有大片土地，却只能坐吃山空，这就是为什么当市长提出换地的建议，上海跑马总会只能欣然允诺。

然而，经过多年物换星移，跑马厅的产权已分属四个团体，包括负责中心运动场的"上海运动事业基金会"（Shanghai Recreation Fund），负责周围草地跑道的"上海跑马总会场地有限公司"（The Shanghai Race Course Limited），负责看台、总会房屋、办公厅等建筑的"上海跑马总会有限公司"（The

Shanghai Race Club Limited），以及负责黄陂北路以西大片马房的"上海跑马总会马厩有限公司"（The Shanghai Race Club Stables Limited）。吴市长与上海跑马总会会谈时，所想的或许是整个跑马厅，但跑马总会同意交换的其实只有草地跑道。

12月30日，上海跑马总会以"上海跑马总会场地有限公司"及"上海跑马总会马厩有限公司"代理人的身份致函吴市长，表示经与董事会商讨，同意以草地跑道约80亩的土地与市政府交换，同时提出16项条件，包括交换后市政府保证恢复赛马、新跑马场的面积不得小于现在的跑马厅等。

市政府收信后颇感为难，以500亩土地交换80亩跑道，与市民的期望显然相距太远。地政、工务等局经多次研议，也认为应以整个场地及房屋一起收回为原则，因此有必要邀集四业主一同商讨，个别谈判恐怕难以达致圆满的结果；至于郊区交换的土地，仍应以江湾跑马场为宜。

要与上海跑马总会的四名业主谈判，先得掌握江湾跑马场的土地。吴市长于1948年2月行文中央信托局敌伪产业清理处，促请其将江湾跑马场原址保留，以利未来上海市政府的交换计划。中央信托局随即报告行政院。不料6月5日行政院来电表示，早已决议将江湾跑马场让售给农林部上海实验经济农场辟为示范农场，碍难保留。上海市政府无奈，于7月9日再度呈请行政院，说明此案系市参议会的决议，况且江湾跑马场靠近市区，地价高昂，作为农场不合经济原则，请行政院收回成命。此说未能打动行政院，江湾已收归国有，行政院正零买整卖，充实国库，市政府如欲收回跑马厅，恐须自行筹款，无法凭收归国有的土地交换。8月10日，行政院回文表示所请未便照准。上海市政府不肯放弃，8月18日再度行文，呈请行政院重新考虑，结果如石沉大海，行政院不再回复。

中央不愿出让江湾跑马场，上海市政府手上既无款项，亦无合适土地，自然无法与上海跑马总会的业主进行谈判。1948年下半年后时局越来越坏，物价日涨数倍，囤积投机之风大盛，人民生计困难，上海市政府焦头烂额，喧腾一时的跑马问题变得乏人问津，于是不得不暂时搁置。收回跑马厅一事到上海市人民政府成立后才得以真正实现。

建构跑马厅史

上海市政府收回跑马厅的交涉虽未竟全功，但在创造华人版的跑马厅史方面达到一定成效。在此之前，上海跑马厅在市民心中一直蒙有一层神秘面纱：它究竟占地几亩、土地房屋产权如何归属、历年慈善捐助经费多少、受益人为哪些团体，外界均一无所知。但自 1946 年以后，为了寻找收回跑马厅的理论依据，当年洋人如何圈占农地、强迁村落、低买高卖的史实与耆老传说，开始逐一浮上台面，渐渐发酵，最后形成一个自圆其说的版本。

沪上大报《申报》在搜寻掌故方面不遗余力。1946 年 9 月，《申报》首先刊出《跑马厅畔话掌故》一文，记者访问上海中医师公会常务理事陈存仁，将跑马厅历史描绘成一页洋人侵占史，特别着重于英国人如何由外滩向西一再搬迁，即所谓"三个跑马场"的故事，其中加入不少耆老传说，特别是"英人一匹马，农民两行泪""圈地再卖地，洋人发洋财"这两个情节。前者说，当年英国人如何利用一匹马，从今日跑马厅东北角的南泥城桥向西、向南，再向东绕一大圈，所经各点竖起木标，用绳圈起，再与当时的上海道台联手，强迫圈内农民出卖土地。后者说的是，上海西童书院院长蓝宁（George Lanning）所著《上海志》（*The History of Shanghai*）中的故事，包括从三个跑马场买卖土地的差价推算出洋人如何倒卖土地、从中获利，以及原业主中 120 户农民如何拒不领款、坚决抗争等。这两个情节是日后有关跑马厅历史的基本元素，并在各种资料中一再出现。

除了耆老掌故，还有人证、物证的浮现。尤其李氏后裔通过《新闻报》向市参议会提出跑马厅的地契，约有 36 亩，请求恢复产权。李氏后裔代表李柳溪说：当时为了圈地，他的先祖被押进衙门，在官府逼迫下只能让上海跑马总会把地收去，拆去土地上的祠堂，但他的先祖心有未甘，不愿将地契交出换取卖价，以至保存至今。

私下的访问与调查也纷纷出现。在公家方面，为确定有关跑马厅的产权，市参议会函请市地政局进行调查，结果便是 1946 年 9 月 14 日出炉的《上海跑马厅产权调查报告》。这份报告是根据蓝宁的《上海志》，及上海运动事业基金会自行出版的《上海运动事业基金会史》(*History of the Shanghai Recreation Fund*) 两份文献，将后者由英文翻成中文，简述上海跑马总会、上海运动基金会的源起，以及跑马厅与工部局的关系。这是第一份有关跑马厅较为详尽的报告，也是唯一的中文报告，送交参议会后很快便被出版刊行，广为传布。

收回跑马厅

1949 年 5 月 28 日，上海市军事管制委员会接管原上海市政府，上海市人民政府宣告成立，陈毅被任命为市长。上海是英美洋行总部的所在地，也是洋行土地、房产、厂房、资金最集中的商埠，所以任何风吹草动都牵动着外界对新中国的观察。解放初期，在华主要洋行对新政权抱持一定的乐观态度，虽说对于未来不无忧虑，但并不相信新政府会全面驱逐洋行。如素来善于援引英美外交支持的美商英美烟公司（British American Tobacco Co.）就认为，中国历经八年全面抗战，既贫又弱，想要恢复经济，势必还得仰赖外国的资金与技术，而英美烟公司积多年之经验，早已形成和中国政府打交道的模式，自认为深谙中国官场，因此此时又打算故技重施，继续沿用老方法与中国政府交涉。

除了帝国主义的自信心，新政权的效率与廉洁也是导致这种乐观态度的原因。英商怡和洋行的大班凯瑟克（John Henry Keswick）便对刚成立的中华人民共和国颇有好感，认为新政权

"清廉、务实、有能力，且易沟通"，关于新政府一些不利工商业的措施，也多从同情的角度来理解，如对洋行征收高额税款，他认为是迫于人民解放军补给的需求；永无止境的劳资纠纷则是由于中共接管太快，来自农村的干部欠缺管理城市的经验所致。

进入 1950 年代后，这种乐观的态度逐渐消失。政府先是对洋行征收更高额的税款，并为了保护劳工，规定工厂禁止停工、不准裁员，还限制负责人离境。朝鲜战争爆发后，美国对中国沿海进行了封锁，导致货物无法出口，而以出口为导向的洋行实质上没了收入。面对与日俱增的税金，洋行只能被迫一再自海外母公司汇入外币，偿付工厂的开销与员工薪资。

新中国的蓝图里没有洋行的一席之地，自然也不会有跑马厅的位置。

解放初期，百废待举，上海市人民政府对跑马厅一度未加留意，跑马总会借机出租外沿土地。但进入 1950 年后，新政权对跑马厅的政策逐渐收紧。当时，一家华商房地产公司欲租用跑马厅北面的空地兴建店面，遂向工务局申请营建执照，由于规模过于庞大，引起工务局的注意。工务局以该地已划为绿地、限制使用为由拒发执照，同时整个市政府内部对此展开了检讨。工务局各级主管针对已发出或未发出的执照逐一批评反省，相关讨论更追溯到过去跑马厅的禁建历史，最后得出结论：问题在于各级负责同志的政治警觉性不足，才让"英帝国主义和一些商人勾结起来，有计划地钻我们的空子，逐步地把冻结了运用的跑马厅活动起来，使我们陷于被动地位，以后更不好去处理这个问题"。

1949 年下半年，跑马总会需缴纳的税款高达人民币 1.4 亿余元，约合 23.6 万美元。总会主席，也就是前述怡和洋行大班凯瑟克四处求情。他先与外侨事务处、地政局及地价税调查科接洽，强调体育场仅作运动之用，并无商业价值，希望降低税率；后又提议以交换土地的方式，与人民政府换取西郊土地一方，毫无进展；最后只好表示愿将一半的土地租予人民政府，以租金来抵缴税款。

上海市人民政府内部进行了密集的讨论，最后答复表示跑马厅已划为绿地，因此限制使用；至于将一半土地租予人民政府的提议，则必须从长计议。

但跑马总会及体育基金会无法再等下去。跑马厅偌大的土地，此时只能借给人民政府用来庆祝、表演，或供人民解放军操练之用，泥地跑道更成了马夫出租马匹的场地。更糟糕的是，1949 年下半年的地产税尚未缴清，1950 年上半年的税单又来了，眼见税款越积越多，跑马总会坐困愁城。1950 年 4 月，运动事业基金会首先投降。基金会致函陈毅市长，表示愿以捐献的方式将地产移交人民政府，供上海市民体育运动之用，请求市政府接见。外事处奉命召见凯瑟克。在这次的会面中，凯瑟克表明市区中能有这样一大片绿地殊为不易，希望土地移交后，人民政府能拿来做对市民健康有益之用，不要用来兴建房屋或办厂，至于其他方面，基金会并无意见，一旦移交，基金会便可以解散了。

凯瑟克为怡和洋行驻沪末代大班及上海英商界领袖，亦是运动事业基金会的末代主席，1906 年出生于上海，不仅会讲上海话，还能操流利苏白，其父祖三代自 1865 年以降，便积极参与上海租界的公共事务。他的祖父耆紫薇（William Keswick）、叔祖葛司会（James Johnstone Keswick）、父亲亨利·盖西克（Henry Keswick）及长兄恺自威（William Johnstone Keswick）都是怡和洋行的大班兼工部局的总董，同时是运动事业基金会的主席，整个家族对于具有支持社群力量的跑马厅无疑抱有一定情感。然而，凯瑟克做出这项决定并非无迹可寻。进入 1950 年代，沪上洋行对于未来的前景日趋悲观。凯瑟克及其同僚们都明白，要想恢复跑马厅昔日的辉煌，可能性微乎其微。在此情况下，还不如把地捐给政府，换取新政府对外侨的善意。据说他与外事处联系时曾说道："当时买进这块地时买得很便宜，现在是该还的时候了。"

运动事业基金会愿意慨然赠地，人民政府却未必乐意接受。1951年起，各洋行逐步以二线外籍人员取代原留守上海的主要负责人，凯瑟克也获准离境，跑马厅成为公家单位借用的对象，几个大型展览包括华东农业展览、妇婴卫生展览、太平天国展览，及上海市土产展览交流大会等都在此举行。然而，国庆节的庆祝活动最终促使上海市人民政府采取了行动。

1951年5月3日，上海市委宣传部以每年国庆、五一劳动节，上海都缺乏大规模游行场地为由，主张发动青年义务劳动，将跑马厅改建成游行用的永久性集中场地。潘汉年副市长的批示是，先呈交外交部决定，再做出具体的结论。三个月后的8月4日，外交部回复，同意正式收回跑马厅，将全部土地列为上海市公有土地，其步骤为土地收回后欠税免追缴，但房屋基地部分的税款不能豁免，再利用这部分的税款作为收购房屋时抵价之用。

外交部既然已点头同意，收回的工作便迅速展开。8月6日，上海市委宣传部提出改建跑马厅的详细计划，包括在跑马厅中央建立一横贯东西、宽50米的游行跑道，跑道北面兴建一座检阅台，南端设立永久性阶梯式群众露天会场与跑道连成一气，供上海市召开两万至十万人的群众大会使用，并争取在国庆节前完工。8月27日，市军管会正式下令收回跑马厅土地。

当日下午，军管会人员前往现场执行命令，同时贴出布告。布告一经贴出，跑马厅职工立刻在大门上悬起"庆祝跑马厅收归人民所有"的红布标语，附近居民及过往行人纷纷前来道贺。接连两日，围观的民众从早到晚，无一刻间断，人人看后莫不喜形于色，兴奋不已。

《文汇报》与《新民报》双双于28日刊出长篇特写，回顾90年来跑马厅的历史。《文汇报》特别以1949年10月上海市民庆祝开国典礼时的盛况，来表达内心的澎湃："人民的铁流第一次进入了跑马厅，千百面红旗迎风呼啦啦地响，千万双拳头随雄壮的口号声而举起，人民坚强无比的力量赶走了帝国主义者的侵略势力。"《新民报》义正词严地表示："跑马厅的得以完璧归赵，不但是为上海人民增加了一份可珍重的财产，在政治上也是有重大意义的。因为跑马厅的收回，正是宣告帝国主义残存在上海势力和影响的日趋死亡、彻底消灭；同时，我们也庄严地、凛然地警告了一切妄想复辟、妄想破坏中国人民革命事业而垂死挣扎的帝国主义份子：中国人民是不可侮的。"

自 1951 年 5 月起，《新民报》多次刊登读者投书，讨论如何为这块场地重新命名，其中包括交流厅、民主广场、和平广场、人民市政厅、人民广场、解放广场、人民胜利广场等，不一而足。最后，负责改建跑马厅的专门委员会决议采用"上海人民广场"。9 月 7 日，上海人民广场动工，先是在中央开辟一条东西向的人民大道，将场地一分为二；接着在南边修筑作为游行集会用的人民广场；至于北边的一大块地，日后则慢慢被辟为人民公园；而西面的跑马总会高大建筑则改成了上海市图书馆；再往西，黄陂北路上的大片马房由新成区卫生机构辟成了中心医院。正如潘汉年在动工典礼上致辞时所言：这个被帝国主义侵占了 90 多年的土地，终于重新回到上海人民的怀抱，变成上海人民自己的广场了。

图 6-3　建成后的人民大道

　　说明：从南面的人民广场北望人民公园的景象，正中最高的建筑是国际饭店，跑马厅的钟楼为国际饭店往左第四栋建筑物。

　　资料来源：上海市房屋土地资源管理局编《沧桑：上海房地产 150 年》，第 186 页。

尾　声

我们都知道体育活动有趣，却很少思考它之前的传播路径，或者背后可能隐藏的政治含义。事实上，运动与帝国霸权密不可分。英国曾称霸全球 200 多年，其在殖民的过程中，向外输出过许多体育活动，好比今日盛行于各国的球类运动，如网球、足球、羽毛球、高尔夫球等，无一不是随着英国的殖民活动传播至世界各地。所以就有学者指出，帝国的建立最初凭借的可能是政治与武力，帝国的维系却需要仰赖文化的输出。换句话说，殖民国家借着殖民统治输出铁路、法律、宗教、教育、医疗、运动等各式内容，期盼在殖民统治地区树立起典范，借以唤起仰慕，进而形成模仿。

在这些内容中，运动看似最为无害，其实影响却最深远。原因是，它涉及了讲诚实、重荣誉、严守规则、光明磊落、团队合作、胜不骄败不馁等一连串与"运动家精神"相连的内涵。被殖民者在面对西方铁路、卫生及医疗时，可以选择忽略其背后所隐含的机械观或科学观，只接受它所带来的好处，但在面对西式运动时，却无法回避运动规则背后所蕴含的价值观。当众人一次又一次照着殖民国家的规则比赛时，就代表一定程度上了解了这种价值，同意这些规范应该被遵守，进而重复加深了与殖民国家价值观念的连接。这种文化输出的效果虽不如医疗、卫生那般立即而明显，某种程度上还涉及个人认同，属于内在情感，微妙且不易观察，但这是一种生活方式与生活理念的重塑，其影响之深远，恐怕不逊于一国政治制度的改变。

英式赛马就是这样一种富含殖民意义的文化输出，或许正是因为如此，中共建政后才让跑马从内地完全消失。不过，赛马在中国内地虽然被彻底铲除，却在中英文化夹杂的香港蓬勃发展。许多活跃于上海的马主在跑马厅被收回后，纷纷转往香港。就像本书曾提及的立达尔家族、小立达尔夫人、麦边家族，以及怡和洋行大班凯瑟克等，皆是这样的例子。此外还有不少俄国革命后被迫来华的俄国练马师，后来也转往香港发展，结果成绩辉煌，称雄香江。

1990年香港回归在即，香港人已经习惯了英国治下的资本主义生活，不知道回归后会怎么样。此时，出人意料的，邓小平说了一句"马照跑、舞照跳"。赛马在中国内地已绝迹四十余年，作为"一国两制"的总设计师，他用"马照跑"来总括中央对香港回归后的态度，显示中央充分明白赛马是香港居民生活的一部分，是一种现代性的经验，而中央将允许它继续存在，以维持香港人生活方式 50 年不变的决心。

就在"马照跑"的允诺下，1997 年后的香港赛马会也对自身做出了大幅的调整，除了更加在地化外（如为市民盖游泳池、图书馆、学校大楼等），还进一步朝小区服务的方向发展，如近年来更开发推动长者照护、儿童及青年发展，以及体育文化等项目，力图将自身转型为 21 世纪"以有节制的博彩，建设更美好的香港"的募款机构。在此背景下，赛马在香港的发展已到了并非"英式赛马在香港"，而是"香港赛马在香港"的程度。赛马在中国，也因此有了一个令人惊喜的尾声。

图书在版编目（CIP）数据

狂飙年代：西洋赛马在中国 / 张宁著 . -- 北京：
社会科学文献出版社，2024. 10. -- (启微). -- ISBN
978-7-5228-3952-3

Ⅰ . G882.192

中国国家版本馆 CIP 数据核字第 20241A7T02 号

·启微·

狂飙年代：西洋赛马在中国

著　　者 / 张　宁

出 版 人 / 冀祥德
责任编辑 / 李期耀
文稿编辑 / 周　愿
责任印制 / 王京美

出　　版 / 社会科学文献出版社·历史学分社（010）59367256
　　　　　地址：北京市北三环中路甲29号院华龙大厦　邮编：100029
　　　　　网址：www.ssap.com.cn
发　　行 / 社会科学文献出版社（010）59367028
印　　装 / 北京盛通印刷股份有限公司

规　　格 / 开　本：889mm×1194mm　1/32
　　　　　印　张：6.875　字　数：112千字
版　　次 / 2024年10月第1版　2024年10月第1次印刷
书　　号 / ISBN 978-7-5228-3952-3
定　　价 / 70.00元

读者服务电话：4008918866